"三农"培训精品教材

"千万工程"学习手册

柏继芹 周宏辉 潜锦贤 主编

中国农业科学技术出版社

图书在版编目（CIP）数据

"千万工程"学习手册／柏继芹，周宏辉，潜锦贤主编．--北京：中国农业科学技术出版社，2024.4
ISBN 978-7-5116-6768-7

Ⅰ．①千… Ⅱ．①柏…②周…③潜… Ⅲ．①农业经济发展-研究-中国 Ⅳ．①F323

中国国家版本馆 CIP 数据核字（2024）第 075244 号

责任编辑	姚 欢
责任校对	马广洋
责任印制	姜义伟 王思文

出 版 者	中国农业科学技术出版社 北京市中关村南大街 12 号　邮编：100081
电　　话	（010）82106631（编辑室）　（010）82106624（发行部） （010）82109709（读者服务部）
网　　址	https://castp.caas.cn
经 销 者	各地新华书店
印 刷 者	北京中科印刷有限公司
开　　本	140 mm×203 mm　1/32
印　　张	4.5
字　　数	110 千字
版　　次	2024 年 4 月第 1 版　2024 年 4 月第 1 次印刷
定　　价	30.00 元

版权所有·翻印必究

《"千万工程"学习手册》
编委会

主　编：柏继芹　周宏辉　潜锦贤

副主编：张旭锋　李艳勤　郭　实　赵红娜
　　　　黄　健　冀书香　郭小林　陈军苏
　　　　李焕君　李代柱　郝雪丽　李世华
　　　　孙建印　陈国军　郭秀芳　娜仁花

前　　言

　　乡村是根脉，是薪火，更是未来，一颗赤子心千千万万次回眸，一项为民工程切切实实中国梦。"千万工程"是习近平同志在浙江工作时亲自谋划、亲自部署、亲自推动的一项重大决策。20年来，从"千村示范、万村整治"示范引领，推动乡村整洁有序，到"千村精品、万村美丽"深化升级，推动乡村美丽宜居，再到"千村未来、万村共富"迭代升级，推动乡村振兴共富，形成了"千村向未来、万村奔共富、城乡促融合、全域创和美"的生动局面，是习近平同志与广大农民共同探索出的加强农村人居环境整治、全面推进乡村振兴、建设美丽中国的成功经验和实践范例，具有伟大的理论意义、历史意义和现实意义。

　　"千万工程"起步于生态，但不止于生态，2024年中央一号文件强调，学习运用"千万工程"蕴含的发展理念、工作方法和推进机制，把推进乡村全面振兴作为新时代新征程"三农"工作的总抓手，坚持以人民为中心的发展思想，完整、准确、全面贯彻新发展理念，因地制宜、分类施策，循序渐进、久久为功，集中力量抓好办成一批群众可感可及的实事，不断取得实质性进展、阶段性成果。

　　正如联合国环境署向"千万工程"颁发"地球卫士奖"颁奖词中的评价："这一极度成功的生态恢复项目表明，让环境保护与经济发展同行，将产生变革性力量。"在实践的过程中悟透"千万工程"理念，学好"千万工程"方法，用好"千万工程"经验，坚持一张蓝图绘到底，必能绘就宜居宜业和美乡村新画卷！

目 录

第一章 认识"千万工程" ································ (1)
 第一节 什么是"千万工程" ···························· (1)
 第二节 "千万工程"的主要做法 ························ (2)
 第三节 "千万工程"的具体成效 ························ (5)
 第四节 运用"千万工程"经验的重大意义 ················ (8)

第二章 悟透"千万工程"蕴含的新发展理念 ············· (16)
 第一节 创新发展理念 ································· (16)
 第二节 协调发展理念 ································· (18)
 第三节 绿色发展理念 ································· (19)
 第四节 开放发展理念 ································· (21)
 第五节 共享发展理念 ································· (22)

第三章 学好"千万工程"的方法 ······················ (24)
 第一节 坚持人民至上 ································· (24)
 第二节 坚持系统观念 ································· (30)
 第三节 坚持因地制宜 ································· (34)
 第四节 坚持锲而不舍 ································· (37)

第四章 用好"千万工程"经验 ························ (44)
 第一节 深化农村人居环境整治 ························· (44)
 第二节 促进城乡融合发展 ····························· (48)

第三节 发展乡村优势特色产业……………………（54）
第四节 推动农业农村绿色低碳发展……………（64）
第五节 加强农村精神文明建设……………………（70）
第六节 提升乡村治理效能……………………………（74）

第五章 "千万工程"的浙江实践……………………（87）
第一节 浙江省安吉县天荒坪镇余村
　　　　——幸福就在绿水青山间………………（87）
第二节 浙江省安吉县灵峰街道横山坞村
　　　　——"美丽经济"带富乡亲………………（89）
第三节 浙江省杭州市余杭区小古城村
　　　　——村里的事情大家商量着办……………（92）
第四节 浙江省德清县莫干山镇仙潭村
　　　　——青山绿水间　民宿迎客来……………（95）
第五节 浙江省杭州市余杭区径山村
　　　　——茶香富茶乡……………………………（97）
第六节 浙江省绍兴市越城区安桥头村
　　　　——文旅融合促发展………………………（100）
第七节 浙江省绍兴市柯桥区棠棣村
　　　　——朵朵兰花香　乡村新气象……………（102）
第八节 浙江杭州萧山区瓜沥镇梅林村
　　　　——数字乡村添彩美好生活………………（104）
第九节 浙江省武义县白洋街道后陈村
　　　　——阳光村务增色和美乡村………………（106）
第十节 浙江省东阳市城东街道寀卢村
　　　　——智慧田园引客来………………………（108）

第十一节　浙江省绍兴市越城区坡塘村
　　　　——山乡吹来艺术风……………………（110）
附录一　关于有力有序有效推广浙江"千万工程"经验的
　　　　指导意见……………………………………（113）
附录二　总书记的"三农"情怀………………………（122）
参考文献……………………………………………………（135）

第一章 认识"千万工程"

第一节 什么是"千万工程"

"千村示范、万村整治"工程(以下简称"千万工程")是习近平同志在浙江工作时亲自谋划、亲自部署、亲自推动的一项重大决策。浙江自2003年启动"千万工程"以来,一张蓝图绘到底,久久为功,走出了一条以农村人居环境整治为切入点的"生态美、百姓富"的乡村发展之路。

2003年6月,在时任浙江省委书记习近平同志的倡导和主持下,以农村生产、生活、生态的"三生"环境改善为重点,浙江在全省启动"千万工程",开启了以改善农村生态环境、提高农民生活质量为核心的村庄整治建设大行动——花5年时间,从全省4万个村庄中选择1万个左右的行政村进行全面整治,把其中1 000个左右的中心村建成全面小康示范村。

20年来,"千万工程"先后经历了示范引领、整体推进、深化提升、转型升级等四个阶段,经历了从温饱型生存需求向小康型发展和共富型发展需求的演变,实现了从"千村示范、万村整治"向"千村精品、万村美丽",再向"千村未来、万村共富"的迭代升级。

20年来,"千万工程"贡献巨大,意义深远,不仅造就了浙江万千美丽乡村,而且造福了万千农民群众,取得了明显成效。

2018年9月26日，"千万工程"荣获联合国"地球卫士奖"。2020年5月，浙江成为中国首个生态省。

20年的"千万工程"实践与迭代升级，"千万工程"的内涵和意义已不断深化和升华，"千万工程"改变的已不仅仅是乡村的人居环境，而且还触及了乡村发展的方方面面，深刻地改变了乡村的发展理念、产业结构、公共服务、治理方式以及城乡关系。

"千万工程"不仅是乡村人居环境整治与改善的乡村建设工程，而且也是惠民工程、民心工程和共富工程，是乡村振兴发展和城乡融合发展的基础性、枢纽性工程。

第二节 "千万工程"的主要做法

2003年6月，时任浙江省委书记的习近平同志在广泛深入调查研究基础上，立足省情农情和发展阶段特征，准确把握经济社会发展规律和必然趋势，审时度势，高瞻远瞩，作出了实施"千万工程"的战略决策，提出从全省近4万个村庄中选择1万个左右的行政村进行全面整治，把其中1 000个左右的中心村建成全面小康示范村。

习近平总书记在浙江工作期间对"千万工程"既绘蓝图、明方向，又指路径、教方法，到中央工作后继续给予重要指导。20年来，按照习近平总书记重要指示要求，深入谋划推进、加强实践探索，推动"千万工程"持续向纵深迈进，形成了一系列行之有效的做法。

1. 坚持生态优先、绿色发展

习近平总书记在浙江工作期间强调，要将村庄整治与绿色生态家园建设紧密结合起来，同步推进环境整治和生态建设；打好

"生态牌",走生态立村、生态致富的路子,并明确提出"绿水青山就是金山银山"。浙江把这些重要理念和要求贯穿实施"千万工程"全过程各阶段,以整治环境"脏乱差"为先手棋,全面推进农村环境"三大革命",全力推进农业面源污染治理,开展"无废乡村"建设,实施生态修复,不断擦亮生态底色。坚持生态账与发展账一起算,整治重污染高耗能行业,关停"小散乱"企业,大力创建生态品牌、挖掘人文景观,培育"美丽乡村+"农业、文化、旅游等新业态,推动田园变公园、村庄变景区、农房变客房、村民变股东,持续打通绿水青山就是金山银山的理念转化通道,把"生态优势"变成"民生福利"。

2. 坚持因地制宜、科学规划

习近平总书记在浙江工作期间要求,从浙江农村区域差异性大、经济社会发展不平衡和工程建设进度不平衡的实际出发;坚持规划先行,以点带面,着力提高建设水平。浙江在实施"千万工程"过程中,立足山区、平原、丘陵、沿海、岛屿等不同地形地貌,区分发达地区和欠发达地区、城郊村庄和纯农业村庄,结合地方发展水平、财政承受能力、农民接受程度开展工作,尽力而为、量力而行,标准有高有低、不搞整齐划一,"有多少汤泡多少馍"。着眼遵循乡村自身发展规律、体现农村特点、注重乡土味道、保留乡村风貌,构建以县域美丽乡村建设规划为龙头,村庄布局规划、中心村建设规划、农村土地综合整治规划、历史文化村落保护利用规划为基础的"1+4"县域美丽乡村建设规划体系,强化规划刚性约束和执行力,一旦确定下来就不折不扣实施。

3. 坚持循序渐进、久久为功

习近平总书记在浙江工作期间指出,要不断丰富"千万工程"内涵,拓展建设领域;坚持不懈地抓好这项惠及全省千百万农民的"德政工程"。浙江紧盯"千万工程"目标不动摇、不折腾，保持工作连续性和政策稳定性，每5年出台1个行动计划，每个重要阶段出台1个实施意见，以钉钉子精神推动各项建设任务顺利完成。根据不同发展阶段确定整治重点，与时俱进、创新举措，制定针对性解决方案，不超越发展阶段提过高目标，从花钱少、见效快的农村垃圾集中处理、村庄环境清洁卫生入手，到改水改厕、村道硬化、绿化亮化，再到产业培育、公共服务完善、数字化改革，先易后难、层层递进。

4. 坚持党建引领、党政主导

习近平总书记在浙江工作期间要求，各级党政主要负责人要切实承担"千万工程"领导责任；充分发挥基层党组织的战斗堡垒作用和党员的先锋模范作用。浙江坚持把加强领导作为搞好"千万工程"的关键，建立党政"一把手"亲自抓、分管领导直接抓、一级抓一级、层层抓落实的工作推进机制，每年召开"千万工程"高规格现场会，省市县党政"一把手"参加，地点一般选在工作力度大、进步比较快、具有典型意义的县（市、区），营造比学赶超、争先创优浓厚氛围。坚持政府投入引导、农村集体和农民投入相结合、社会力量积极支持的机制，真金白银投入。将农村人居环境整治纳入为群众办实事内容，纳入党政干部绩效考核，强化奖惩激励。突出党政主导、各方协同、分级负责，配优配强村党组织书记、村委会主任，推行干部常态化驻村联户、结对帮扶，实行"网格化管理、组团式服务"。

5. 坚持以人为本、共建共享

习近平总书记在浙江工作期间强调，必须把增进广大农民群众的根本利益作为检验工作的根本标准，充分尊重农民的意愿，充分调动农村基层干部和广大农民群众的积极性和创造性。浙江在实施"千万工程"过程中，始终从农民群众角度思考问题，尊重民意、维护民利、强化民管。实施初始就把增进人民福祉、促进人的全面发展作为出发点和落脚点，从群众需要出发推进农村人居环境整治。在进行决策、推进改革时，坚持"村里的事情大家商量着办"，不搞强迫命令。厘清政府干和农民干的边界，该由政府干的主动想、精心谋、扎实做，该由农民自主干的不越位、不包揽、不干预，激发农民群众的主人翁意识，广泛动员农民群众参与村级公共事务，推动实现从"要我建设美丽乡村"到"我要建设美丽乡村"的转变。

6. 坚持由表及里、塑形铸魂

习近平总书记在浙江工作期间强调，要加强思想道德建设，开展多种形式的文化活动，满足农民群众日益增长的精神文化生活需求。浙江注重推动农村物质文明和精神文明相协调、硬件与软件相结合，努力把农村建设成农民身有所栖、心有所依的美好家园。大力弘扬社会主义核心价值观，加强法治教育，完善村规民约，持续推动移风易俗。构建农村文化礼堂效能评价体系、星级管理机制，在文化场所建设、文化活动开展中融入乡土特色、体现农民需求，变硬性推广为潜移默化，变"文化下乡"为"扎根在乡"。通过打造嘉善"善文化"、德清"德文化"等区域性品牌，挖掘农村传统文化基因，推动崇德向善。结合农村特性传承耕读文化、民间技艺，加强农业文化遗产保护、历史文化村落保护。在未来乡村建设中专门部署智慧文化、智慧教育工作，着力打造乡村网络文化活力高地。

第三节 "千万工程"的具体成效

"千万工程"造就了万千美丽乡村，造福了万千农民群众，促进了美丽生态、美丽经济、美好生活有机融合，被当地农民群众誉为"继实行家庭联产承包责任制后,党和政府为农民办的最受欢迎、最为受益的一件实事",被专家学者誉为"在浙江经济变革、社会转型的关键时刻,让列车换道变轨的那个扳手,转动了乡村振兴的车轮"。

浙江"千万工程"在乡村人居环境、公共服务、产业发展等方面所带来的直接或间接的效应,反映在广大乡村居民身上,就是他们生活环境的改善、生活水平的提高和个人与家庭收入的不断增长。2022年,浙江农村常住居民人均可支配收入达37 565元,连续38年居全国省(区、市)第一。

在20年"千万工程"的不断改革与升级中,"千万工程"表达的内涵与价值在不断升华,"千万工程"的改革不仅对群众的生存环境进行了必要的改变,还对乡村发展提供更多方向性、引导性优势,从多角度改变乡村发展理念与产业结构,并且在乡村治理与公共服务等方面都有重要意义。因此,"千万工程"不仅改善了乡村建设,提高乡村整体环境,还成为浙江惠民工程,也被称为共富工程,成为了一项重要的乡村振兴与城乡融合性发展的基础性工程。

1. 农村人居环境深刻重塑

规划保留村生活污水治理覆盖率100%,农村生活垃圾基本实现"零增长""零填埋",农村卫生厕所全面覆盖,森林覆盖率超过61%,农村人居环境质量居全国前列,成为首个通过国家生态省验收的省份。

实现了从"室内现代化、室外脏乱差"到"室内现代化、室外四季花"的巨大变化,从"坐在垃圾堆上数钞票"到"端稳绿水青山'金饭碗'"的华丽转身。正如金华市浦江县向水晶产业污染"开刀","黑臭河""牛奶河"再无踪影;台州市仙居县"化工一条江"变为"最美母亲河",生态绿道串联起山水田园。

2. 城乡融合发展深入推进

城乡基础设施加快同规同网,最低生活保障实现市域城乡同标,基本公共服务均等化水平全国领先,农村"30分钟公共服务圈""20分钟医疗卫生服务圈"基本形成,城乡居民收入比从2003年的2.43缩小到2022年的1.90。"城市有乡村更美好、乡村让城市更向往"正在成为浙江城乡融合发展的生动写照。

正如嘉兴市群众说的,"当年习近平总书记乘坐101路公交车调研城乡基础设施一体化建设,现在老百姓乘坐101路公交车见证城乡风貌的巨变、触摸城乡融合发展的脉动"。

3. 乡村产业蓬勃发展

休闲农业、农村电商、文化创意等新业态不断涌现,带动农民收入持续较快增长,全省农村居民人均可支配收入由2003年的5 431元提高到2022年的37 565元,村级集体经济年经营性收入50万元以上的行政村占比达51.2%。全省建成风景线743条、特色精品村2 170个、美丽庭院300多万户,形成"一户一处景、一村一幅画、一线一风光"的发展图景。实施"十万农创客培育工程",累计培育农创客超4.7万名,打造出"衢州农播"、丽水"农三师"等一批人才培养品牌。义乌市李祖村引进农创客200余人,带动创业就业村民人均月增收2 500元。

4. 乡村治理效能有效提升

以农村基层党组织为核心、村民自治为基础、各类村级组织互动合作的乡村治理机制逐步健全,乡村治理体系和治理能力现代化水平显著提高,农村持续稳定安宁。

正如宁波市基层干部谈到,"实施'千万工程'以前,有些村级组织说话没人听、办事没人跟,现在村'两委'给群众办实事、办好事,组织有了凝聚力、战斗力,干部有了威信,老百姓信得过"。

5. 农民精神风貌持续改善

推动"物的新农村"向"人的新农村"迈进,全域构建新时代文明实践中心、新时代文明实践所、农村文化礼堂三级阵地,建成一批家风家训馆、村史馆、农民书屋等,陈规陋习得到有效遏制,文明乡风、良好家风、淳朴民风不断形成。

正如杭州市小古城村村民说的:"村里建起了文化礼堂,经常有'我们的村晚''我们的村歌''我们的村运会',放下筷子就想去"。

6. 在国内外产生广泛影响

各地区认真贯彻习近平总书记重要指示批示精神,结合实际学习借鉴浙江经验,农村人居环境整治提升和乡村建设取得扎实成效。"千万工程"不仅对全国起到了示范效应,在国际上也得到认可,2018年9月荣获联合国"地球卫士奖",为营造和谐宜居的人类家园贡献了中国方案。

第四节 运用"千万工程"经验的重大意义

一、经验启示

浙江"千万工程"之所以取得突出成效,最根本在于习近平总书记的战略擘画、关心厚爱和关怀指导,在于习近平新时代中国特色社会主义思想的科学指引。必须更加深刻领悟"两个确立"的决定性意义,增强"四个意识"、坚定"四个自信"、做到"两个维护",切实把浙江"千万工程"经验总结推广好、学习运用好,把握蕴含其中的习近平新时代中国特色社会主义思想的世界观和方法论,不断转化为推进中国式现代化建设的思路办法和具体成效。

（一）必须坚持以人民为中心的发展思想，把实现人民对美好生活的向往作为出发点和落脚点

"千万工程"源于习近平总书记深厚的农民情结和真挚的为民情怀。20年来，浙江从全省千百万农民群众的切身利益出发，坚持民有所呼、我有所应，不断改善农村生产生活条件，提高农民的生活质量和健康水平，使广大农民有更多获得感、幸福感、安全感。实践证明，只有心里真正装着农民，想农民之所想，急农民之所急，不断解决好农业农村发展最迫切、农民反映最强烈的实际问题，才能得到农民群众的真心支持和拥护，才能加快补齐农业农村这块我国现代化建设的短板。新时代新征程上，要更加自觉站稳人民立场，强化宗旨意识，尊重人民意愿，采取更多惠民生、暖民心举措，千方百计拓宽农民增收致富渠道，巩固拓展好脱贫攻坚成果，让农民腰包越来越鼓、日子越过越红火，推动农民农村共同富裕取得更为明显的实质性进展。

（二）必须坚持以新发展理念为统领，全面推进乡村振兴

"千万工程"实施前后农村面貌的鲜明反差、推进落实带来生产生活的巨大变化，根本上反映的是发展理念的变革、发展方式的转变。从村庄环境建设到农村全面发展，从物质文明建设到精神文明建设，浙江坚持新发展理念，走出了一条迈向农业高质高效、乡村宜居宜业、农民富裕富足的康庄大道。实践证明，观念一变天地宽。只有完整、准确、全面贯彻新发展理念，推进乡村振兴才能理清思路、把握方向、找准着力点。新时代新征程上，要以新发展理念为统领，立足加快构建新发展格局，正确处理速度和质量、发展和环保、发展和安全等重大关系，加强机制创新、要素集成，抓好乡村产业、人才、文化、生态、组织"五个振兴"，实现农业生产、农村建设、乡

村生活生态良性循环。

（三）必须强化系统观念，着力推动城乡融合发展

"千万工程"实施20年来，浙江始终坚持统筹城乡发展，不断推动城市基础设施向农村延伸、公共服务向农村覆盖、资源要素向农村流动，使城乡关系发生深刻变革。实践证明，必须把农村和城市作为一个有机统一的整体系统考虑、统筹协调，充分发挥城市对农村的带动作用和农村对城市的促进作用，兼顾多方面因素，注重多目标平衡。新时代新征程上，要系统摆布城乡关系，以县域为重要切入点，统筹部署、协同推进，抓住重点、补齐短板，加大改革力度，破除妨碍城乡要素平等交换、双向流动的制度壁垒，促进发展要素、各类服务更多下乡，加快形成工农互促、城乡互补、协调发展、共同繁荣的新型工农城乡关系。

（四）必须大兴调查研究，从实际出发想问题、作决策、办事情

"千万工程"是习近平同志到浙江工作后不久，用118天时间跑遍11个地市，一个村一个村地仔细考察，充分掌握省情农情作出的重大决策。20年来，"千万工程"的每一次深化，都是基于调查研究的成果。实践证明，正确的决策离不开调查研究，正确的贯彻落实同样也离不开调查研究。只有学好练精这个基本功，才能把情况摸清、把问题找准，提出的点子、政策、方案才能符合实际情况、符合客观规律、符合科学精神。新时代新征程上，要持续加强和改进调查研究，围绕学习贯彻党的二十大精神，聚焦推进乡村振兴、实现共同富裕、增进民生福祉等改革发展稳定中的重点难点问题，深入基层、掌握实情、把脉问诊，紧密结合自身实际，谋划实施有针对性的政策举措，不断破解矛盾瓶颈、推动高质量发展。

（五）必须突出抓基层、强基础、固基本的工作导向，健全党组织领导的基层治理体系

"千万工程"实施20年来，浙江抓党建促乡村振兴，充分发挥农村基层党组织战斗堡垒作用，充分发挥村党组织书记、村委会主任的带头作用，引导基层党员干部干在先、走在前，团结带领农民群众听党话、感党恩、跟党走。实践证明，群众富不富，关键看支部；支部强不强，还看"领头羊"。只有坚持以党建引领基层治理，善于发动群众、依靠群众，才能把党的政治优势、组织优势、密切联系群众的优势，不断转化为全面推进乡村振兴的工作优势。新时代新征程上，要突出大抓基层的鲜明导向，选优配强基层党组织领导班子，完善党组织领导的自治、法治、德治相结合的治理体系，推动各类治理资源向基层下沉，不断激发人民群众的积极性、主动性、创造性，形成凝心聚力、团结奋斗的良好局面。

（六）必须锚定目标真抓实干，一张蓝图绘到底

20年来，浙江始终把"千万工程"作为"一把手"工程，保持战略定力，一任接着一任干，实现一个阶段性目标，又奔向新的目标，积小胜为大胜，创造了接续奋斗不停歇、锲而不舍抓落实的典范。实践证明，真抓才能攻坚克难，实干才能梦想成真。必须持续改进工作作风，把更多心思和功夫花在狠抓落实上，力戒形式主义、官僚主义，不搞"政绩工程""形象工程"，防止"新官不理旧账"。新时代新征程上，要紧紧围绕党的中心任务，对标对表党中央决策部署，保持历史耐心，一件事情接着一件事情办，一年接着一年干，尤其要注意防止换届后容易出现的政绩冲动、盲目蛮干、大干快上，以及"换赛道""留痕迹"等倾向，以良好的作风进一步赢得党心民心，凝聚起强国建设、民族复兴的磅礴力量。

二、重大意义

"千万工程"充分体现了习近平总书记对生态问题的深刻关切,对发展问题的深入思考,对"三农"工作的远见卓识;充分体现了习近平总书记作为人民领袖深厚的民生情怀和强烈的责任担当,作为伟大改革家的巨大勇气和严实作风。

"千万工程"充分彰显了习近平总书记以非凡魄力开辟新路的远见卓识和战略眼光,全面展现了人民群众伟大实践同人民领袖伟大思想、伟大情怀相互激荡形成的凝聚力和创造力,充分显示出习近平新时代中国特色社会主义思想在波澜壮阔社会实践中的巨大指导作用。

大力推广运用"千万工程"经验的意义非常重要,可以从不同的角度进行了解与分析。

(一)从乡村建设的视角看,"千万工程"就是乡村的"建设工程"

从乡村建设中可以了解"千万工程"定位于乡村振兴产业,属于乡村建设项目,这给我们的乡村振兴工作带来伟大的指导意义。

乡村建设既要坚持政府主导,又要重视引入市场力量。大力实施乡村建设行动,资金需求量很大,单纯依靠政府的力量是不够的。必须在加大政府对乡村建设投入的同时,创新乡村建设思路,发挥政府财政金融政策"四两拨千斤"的杠杆作用,引入市场机制、建构利益机制,吸引企业、社会、村集体和村民多元主体共同投资和参与乡村建设,这将是解决乡村建设供给不足、资金短缺问题的重要路径。

乡村建设既要实现有效供给,又要实现有效管护。实践中,乡村社区公共基础设施建设滞后于发展需要,不仅与供给乏力有关,而且与这些项目设施的营运与管护不力有关。因此，必须解决好政府、企业、集体、农民等主体谁来营运与管护乡村社区公共性基础设施的问题。基本的思路是：明确相关公共设施的产权归属及其管护主体；强化公共设施规制及其监督监管；发挥乡村社区治理体系中的自治功能；在乡村公共基础设施营运管护中导入市场机制。

乡村建设既要防止大拆大建，又要避免低效率配置。也就是说，乡村建设不仅要防止脱离乡村自然与文化特点，甚至侵犯农民权益的大拆大建，也要避免忽视乡村公共基础设施具有空间效应与规模效应特征，避免守成不变的低效配置。这意味着，往村覆盖、往户延伸的乡村建设并不是静态的过程，而是动态的过程，是在乡村规划先导下，体现乡村人口相对集聚、空间布局不断优化、公共服务效率不断提升的过程。

乡村建设既要注重普惠性、基础性、兜底性，又要注重发展性。乡村建设必须从自身实际出发，体现乡村发展的阶段性特点。在温饱社会阶段，乡村建设主要着眼于基础性、普惠性、兜底性的生存型乡村建设，但到了小康社会乃至更高社会阶段，乡村建设应体现发展型特点。

我国现阶段的乡村建设，大部分地区重视体现乡村的多功能发展，乡村建设要与乡村的产业、生态、文化、治理以及公共服务相结合，促进乡村价值的转化与提升，实现乡村更快更好发展。

浙江"千万工程"经验表明，与乡村发展阶段和乡村发展功能有机结合的乡村建设，能包容多元建设主体和多种运行机制，是有效解决乡村建设供给乏力、管护不力、形态单一、活力不足的重要路径。

（二）从乡村建设的治理视角看，"千万工程"也是"治理工程"

20年来，浙江在"千万工程"实践过程中充分发挥多种治理制度的功效，探索建立了"四位一体"的治理体系，具有极其重要的理论与应用价值。

"党政合一"的科层治理。浙江"千万工程"之所以能一以贯之、一抓到底，关键在于发挥"党政合一"垂直治理的制度功能。首先，坚持"一把手"亲自抓。坚持把"千万工程"列为"书记工程"，落实"一把手"责任制，建立各级党政主要领导联系一个村制度，形成"五级书记"共抓共管的推进机制。其次，坚持各方协同和分级负责抓。各级均成立"千万工程"领导小组，建立党委领导、政府负责、职能部门实施、多方共同参与的工作推进机制和落实机制。

"智治合一"的精准治理。在"千万工程"的实施过程中，针对公共产品管理虽有规制措施但规制主体职责不清和不到位的难题，探索了将压实地方责任和数字化、信息化相互匹配的规制办法。先后探索出了河长制、道长制、所长制、林长制、田长制等可参照的"简约化"制度选择与安排。农业农村领域数字经济"一号工程"的全面推广，将数字与信息技术同"千万工程"责任制相匹配，实现"智治合一"的精准问责和精准治理。

"调动群众"的柔性治理。群众不仅要发动和带动，更要通过合适的制度安排来激励，其中德治与自治是关键。首先是深化村民自治。建立村民互助会、议事会、乡贤促进会等相关自治组织，推动乡村公共事务自我管理、自我监督、自我服务。其次是增强法治保障。引导干部群众形成自觉守法、全民懂法、遇事找法的乡村法治秩序。再次是激发德治活力。将乡风文明与治理结合，发挥优秀传统文化等对村民行为的引导，用崇德向善的力量，调动群众参与的积极性。

"激励相容"的市场治理。市场机制是最能体现激励约束相容的制度，不仅在非公共性领域，而且在公共性领域，通过一定的制度设计,也能发挥高效作用。浙江在"千万工程"建设中,积极引入市场机制,赋予相关主体(农民、企业)生态资源利用和公共设施建设(或管护)的使用权与经营权,不断丰富乡村人居环境内涵,提高人居环境水平,激活人居环境市场,将乡村公共产品转化为市场产品,促进"绿水青山"向"金山银山"的转化,同时转变相关主体的公共行为。这一系列安排不仅促进了乡村各类休闲产业、高效生态农业的发展、城乡要素的互通和融合发展,而且也实现了乡村自然生态环境、人居环境设施保护与绿色经济发展、公共服务提质的相互促进。

浙江"千万工程"四位一体的制度设计和安排,充分体现了乡村社区公共事务和公共产品治理中党政领导和群众参与的相互协同、科层制度与市场制度的功能互补、他治与自治的合理匹配、法治与德治的相互融合、数智与治理的有效结合,为乡村建设中社区公共品的有效供给和营运管护,提供了既有理论创新又契合中国特色与实践的治理模式,很值得借鉴。

面向新征程,浙江不断深化与提升"千万工程",以"千万工程"为牵引和龙头、美丽乡村为底色、未来乡村为愿景、共同富裕为追求,致力于宜居宜业和美乡村建设,构建"千村向未来、万村奔共富、全域呈和美"的乡村发展新格局,全方位推动乡村产业、人才、文化、生态、组织振兴,加快走出全面推进乡村振兴、实现农业农村现代化的省域实践新路径。

第二章　悟透"千万工程"蕴含的新发展理念

坚持以新发展理念为指导，以发展作为乡村振兴主题。"千万工程"之所以能够在全国起到示范效应、在国际上得到充分认可，根本就在于根植其中的新发展理念贯通浙江乡村跨越式发展全过程。

"千万工程"对农村地区高质量发展进行了战略定位和政策部署，从顶层设计上明确了城乡协同发展、区域协同发展的新发展理念，为美丽乡村建设提供了重要的实践基础。当前，继承和发展"千万工程"关键在于以系统观念，完整、准确、全面贯彻新发展理念。

第一节　创新发展理念

创新是引领发展的第一动力，把创新发展放在发展全局的核心位置，"核心位置"与"第一动力"相辅相成、交相辉映。发挥创新作为引领发展第一动力的功能作用，归根结底依靠上下同心、全社会一起努力，推动创新发展在全社会蔚然成风。

贯彻新发展理念是新时代我国发展壮大的必由之路。"千万工程"实施前后农村面貌的鲜明反差、推进落实带来生产生活的巨大变化，根本上反映的是发展理念的变革、发展方式的转变。

"千万工程"将村庄环境整治与村庄建设、生态品牌创建、

第二章　悟透"千万工程"蕴含的新发展理念

文化内涵挖掘充分结合起来，推动生态建设、发展特色经济，充分体现了发展理念的创新。从以村庄环境整治为重点的"千村示范、万村整治"，到以美丽乡村建设为重点的"千村精品、万村美丽"，再到以乡村现代化为重点的"千村未来、万村共富"，每个阶段都面临资金短缺、人才缺乏、经验不足的种种挑战，但只要心中有民、一心向党，用创新思维克服困难，就可以处处转危为机。

当前，我国经济已由高速增长阶段转向高质量发展阶段，思维方式和工作方式都需要跟上时代步伐。新发展理念是关系我国发展全局的一场深刻变革，着眼的正是速度变化、结构优化、动力转换，瞄准的正是"转型机遇""升级机遇"，广大党员干部要完整、准确、全面理解和贯彻新发展理念，正确处理速度和质量、发展和环保、发展和安全等重大关系，积极破解发展难题、增强发展活力、厚植发展优势，奋力迈进中国式现代化高质量发展这一必由之路。

比如，杭州市临安区创新规划设计机制：通过公开招标，由县级主管部门负责建立规划设施单位"名录库"，再由县"新农办"和相关镇街负责做好创建村与规划设计单位的"联姻"，建立一整套严格规划设计质量和要求的程序和规范，养成了农村基层干部拿着规划设计文本（图纸）搞建设的新风尚。

创新融资贷款机制。与农商银行合作，通过财政资金设立风险担保基金，各创建村由银行贷款解决创建工作的前期启动资金，财政为银行提供新农村建设贷款"绿富担保金"，降低贷款利率，防范还款风险。

创新财政奖补机制。整治村按年度分配创建名额，体现普惠性；特色村和精品村实行竞争性申报和创建，体现积极性和示范性。根据创建要求不断提高奖补资金额度，改进完善以村为单位、以村民人口为基数、以创建标准为依据等有助于提高创建积极性的财政奖补办法。

创新服务监管机制。组建"N个专门小组",为创建村提供"一对一"的指导服务:由四套班子领导带队的创建指导组,负责协调项目和资金整合等难点工作;由农口、住建等部门负责的技术服务组、重点项目组,负责各类建设项目的指导和跟踪服务;由规划设计单位和市新农办负责的规划设计组,负责规划设计质量的把关和落地执行。同时,农口、住建、财政、纪检、审计等部门为建设质量、奖补资金等提供指导和服务。

创新项目整合机制。改分散碎片化的财政资金为"集中财力办大事",以整治村、特色村和精品村三种建设类型为统揽,筹集各层级财政资金、各部门支农资金以及社会各方力量和资源,按年序和创建计划投入到"千万工程"。一系列大胆创新,将"摸着石头过河"的先行成本转变为领先优势,体现了中国特色社会主义的制度优势,坚定了我们的"四个自信"。

第二节 协调发展理念

协调的范围是整体,协调的方式是发挥整体效能,协调的目的是增强发展的整体性。将协调发展贯穿于发展各方面全过程。以协调发展理念引领经济社会发展,必须增强大局意识、协同意识、补短意识,把协调发展贯穿于发展各方面、全过程,让协调出动力、出生产力、出合力。

坚定以协调发展理念作为农村高质量发展的重要基础。全面带动广大农村地区共同富裕,建立"小城镇+中心村+一般村"联动发展新模式,重点突出县域城乡规划、发展壮大县域富民产业、推动县域城乡融合发展、强化乡镇联城带村节点功能,推动农村地区产业链供应链有效链接，推动农村特色产业高效分工协作。

"千万工程"为解决城乡之间、农村内部经济社会发展不平衡不充分问题提供了生动实践，推动形成人与自然和谐共生、经济增长和生态环境保护协调发展的乡村发展新格局。

带农实现共同富裕，需要物质精神共抓共建。物质富裕与精神富足，必须齐头并进，"两手都要抓，两手都要硬"。"千万工程"改变了浙江农村的硬环境，农民人居环境质量位居全国前列；统筹推进了城乡基础设施一体发展、城乡基本公共服务普惠共享，实现了城乡基础设施加快同规同网、最低生活保障实现市域城乡同标、基本公共服务均等化水平全国领先的突出成效。

同时，"千万工程"加强了公共文化服务的供给，通过构建新时代文明实践中心、新时代文明实践所、农村文化礼堂三级阵地，建成一批家风家训馆、村史馆、农家书屋等，使农民群众多渠道、多形式享受更多、更美好的精神食粮，让农民群众的精神生活更加丰富多彩、更加健康向上。群众性精神文明活动持续改善了农民精神风貌，并使农村陈规陋习得到有效改变，文明乡风、良好家风、淳朴民风在社会生活中得到广泛弘扬。

"千万工程"不仅造就了万千美丽乡村，更是造就了亿万听党话、跟党走、坚持社会主义核心价值观的新型农民。

第三节　绿色发展理念

推进绿色发展，建设美丽中国。发展理念具有战略性、纲领性、引领性。绿色发展理念作为我们党科学把握发展规律的创新理念，明确了新形势下完成第一要务的重点领域和有力抓手，为我们党切实担当起新时期执政兴国使命指明了前进方向。

坚定以绿色发展作为农村高质量发展的核心。农村人力资源规模大，但人才流失严重，生态环境禀赋相对优越，应根据要素禀赋因地制宜发展生态产业、生态旅游等环境代价小、增加值高的先进制造业和现代服务业，发展城郊型特色产业，积极打造符合历史溯源和时代精神的独特 IP 创意产品，推动农林文旅康体商等产业城乡联动。

"千万工程"把村庄整治与发展经济结合起来，将生态优先、绿色发展理念贯穿改善农村人居环境的各阶段、各环节、全过程，注重抓好发展强村、反哺富村，实现了"美丽风景"向"美丽经济"的有效转化，走出了可持续发展、绿色发展的兴村富民之路。2005 年 8 月 15 日，习近平同志来到安吉余村考察，高度评价余村下定决心关闭"高收入"的矿区、全面走绿色发展之路的做法，并首次提出"绿水青山就是金山银山"的理念。

今天的浙江，乡村旅游、养生养老、农村电商等新业态蓬勃发展，农村居民人均可支配收入从 2003 年的 5 431 元提升到 2022 年的 37 565 元，村级集体经济年经营性收入 50 万元以上的行政村占比已达 51.2%。随着"千万工程"持续推进，浙江不断打通拓宽"两山"理论转化通道，"绿水青山"在永续增值中充分释放发展动能。

坚定不移走绿色发展的乡村振兴之路。乡村是生产、生活和生态三位一体的多维空间，自然环境是乡村最为宝贵的财富。"绿水青山就是金山银山。"乡村建设、农业生产必须贯彻绿色、高质量的新发展理念。"千万工程"为贯彻新发展理念推进乡村振兴，树立了一个标杆、一个榜样、一个坚守。一方面，推动"污水革命"、开展"垃圾革命"、推行"厕所革命"，全力推进农业面源污染治理；另一方面，实施生态修复，挖掘人文景观资源，创建生态品牌。在持续改善农村人居环境的过程中，顺势而为,发挥农业农村多功能性,展开绿色、生态产业布局,培育出"美丽乡村+"农业、文化、旅游等多种新产业、新业态,增强了农村经济发展的内在活力,为农民持续增收创造了条件。20年持续发力,久久为功,"千万工程"建设出了宜居宜业的和美乡村,深刻改变了原来浙江农村的落后面貌,农村居民人均收入连续20年稳居全国第一,城乡居民收入比连续十年缩小。

"千万工程"坚定不移走绿色发展之路,把"生态优势"变成"民生福利",让广大人民享有更普惠、更可持续的绿色福祉,走出一条保护生态和可持续发展同步的乡村振兴之路。

第四节 开放发展理念

"千万工程"是一项复杂性的工程,也是一项开放性的工程。农业开放型经济的发展改善了浙江农业要素制约,拓展了浙江农业发展空间。开放型经济给浙江农业发展注入了新的活力和动力。通过实施"千万工程",产业结构继续优化,农产品质量不断提高,生态环境得到改善,农业增效农民增收,社会主义新农村建设全面推进。

外资成为农业开放型经济的有机组成部分。近年来,随着投资软硬环境的逐步完善,特别是"以民引外"招商思路的形成和实施,浙江省农业招商引资工作取得突破性进展。

浙江省农业"走出去"投资领域丰富,经营范围广泛,地域分布涉及30多个国家和地区。由最初在境外构建营销网络为主的"市场开拓型",逐渐向利用国外土地、海洋、森林资源建立原料生产基地的"资源利用型",以技术入股、技术合作等方式与国外科研机构、企业合作开发产品的"技术合作型",通过资本运作,在海外挂牌上市的"资本经营型"以及输出农村剩余劳动力的"劳动力转移型"发展。

农产品出口是浙江农业融入国际市场参与国际分工的主要形式。农产品贸易始终在浙江农业对外开放中占据主导地位。无论过去还是今后相当一个时期内，农产品进出口贸易依然是浙江农业参与国际市场和国际分工的主要形式。

外资成为农业开放型经济的有机组成部分。进入21世纪后，随着投资软硬环境的逐步完善，特别是"以民引外"招商思路的形成和实施，浙江省农业招商引资工作取得突破性进展。

一是农业开放型经济的发展，提高了产业集聚度和规模经营水平。"行业协会+龙头企业+农民专业合作社+农户"四位一体组织模式广为推行，形成了新型的产销联接和利益共享机制，让浙江农民分享到产业链延伸后的收益，农民增收落到了实处。

二是农业开放型经济的发展，给浙江农民就业、创业提供了更为广阔的发展空间。

三是农业开放型经济的发展，提高了农民收入，改善了生活品质，更重要的是改变了农民的观念，改革开放深入人心，社会主义新农村建设全面推进。

第五节　共享发展理念

人人共建、人人共享，是经济社会发展的理想状态。把共享作为发展的出发点和落脚点，指明发展价值取向，把握科学发展规律，顺应时代发展潮流，是充分体现社会主义本质和宗旨、科学谋划人民福祉和国家长治久安的重要发展理念。

坚定以共享发展理念作为农村高质量发展的落脚点。共享发展首先表现在推动农村共享经济的高质量发展，依托森林资源、空气资源等探索建立森林碳汇交易和生态补偿机制。推动"数

第二章 悟透"千万工程"蕴含的新发展理念

字+乡村文化"等现代智慧共享乡村文化产业建设。共享发展还表现在农村发展的普惠性,需要激发全体人民的热情和创造精神,推动农村居民共建共享和人人奋斗的良好局面。

依靠广大农民,共建共享和美乡村建设成果。建设和美乡村是为了农民,也必须依靠农民、团结农民、带领农民。农民是乡村建设的主体,不能让乡村建设变成干部在干、群众在看的异化行动。只有广泛发动广大农民群众,充分发挥他们的积极性,建立农民群众自己主动想办法解决自己的发展问题的良性机制,才能形成万众一心、人人共推乡村振兴的磅礴之势。

"千万工程"实施过程中,始终坚持尊重民意、维护民利、强化民管的理念,紧紧依靠广大农民群众来推动美丽乡村建设。具体来说,"千万工程"推进过程中,厘清了政府和农民职责边界,突出服务型政府的执政理念。政府始终从农民群众的需要出发,以为农民群众服务为宗旨,精心谋划落实服务措施,而不是一厢情愿地提供计划指令、一副长官作风、对农民群众熟知的事乱指挥。在推进农村制度改革时,尊重农民群众的愿望和多样化需求,坚持"村里的事情大家商量着办",充分发挥党领导下的村民自治委员会功能,同时建立村民议事会、乡贤促进会等相关社会组织,让农民广泛行使基层民主权利,需农民自主干的事,政府不越位、不包揽、不干预。农民群众当家作主,参与村庄公共事务决策,发扬他们的主人翁精神,实现民众和政府良性互动的生动局面,夯实党的执政根基。

正如习近平总书记多次指出的,江山就是人民,人民就是江山。

第三章　学好"千万工程"的方法

第一节　坚持人民至上

"千万工程"源于习近平总书记深厚的农民情结和真挚的为民情怀。20年来，浙江从全省千百万农民群众的切身利益出发，坚持民有所呼、我有所应，不断改善农村生产生活条件，提高农民的生活质量和健康水平，使广大农民有更多获得感、幸福感、安全感。

党的十八大以来，习近平总书记统筹中华民族伟大复兴战略全局和世界百年未有之大变局，把人民对美好生活的向往作为奋斗目标，坚持一切为了人民、一切依靠人民，明确提出坚持以人民为中心的发展思想，推动改革发展成果更多更公平惠及全体人民，党和国家事业取得历史性成就、发生历史性变革。

古人讲："与天下同利者，天下持之；擅天下之利者，天下谋之。"2022年10月16日，习近平总书记在第20期《求是》杂志上发表重要文章——《坚持人民至上》。

党的二十大报告提出了继续推进理论创新的"六个必须坚持"，即必须坚持人民至上、必须坚持自信自立、必须坚持守正创新、必须坚持问题导向、必须坚持系统观念、必须坚持胸怀天下，其中"必须坚持人民至上"位列第一。要"坚持人民至上"，首先要深刻理解其丰富内涵，才能提高行动的自觉性、主动性和创造性,并在实践中继续推进理论创新。

一、坚持人民至上的丰富内涵

(一)坚持人民至上是由党的初心使命决定的

中国共产党从一诞生,就把为中国人民谋幸福、为中华民族谋复兴作为自己的初心和使命,100多年来矢志不渝,团结带领全国人民取得了举世瞩目的辉煌成就。1944年,毛泽东同志指出,"我们这个队伍完全是为着解放人民的,是彻底地为人民的利益工作的。"党的七大通过的《中国共产党章程》第一次将全心全意为人民服务确定为党的宗旨。在社会主义革命和建设过程中,毛泽东同志告诫全党要把为民造福作为中国共产党的历史使命。改革开放以后,邓小平同志指出,"中国共产党党员的含义或任务,如果用概括的语言来说,只有两句话:全心全意为人民服务,一切以人民利益作为每一个党员的最高准绳。"中国特色社会主义进入新时代,习近平总书记指出,江山就是人民,人民就是江山,要求全党为了人民利益不懈奋斗;党坚持"一切权力属于人民",过去"打江山"是为了建立人民当家作主的人民政权,现在"守江山"是为了更好地为人民执政,建设好、巩固好人民政权,为人民创造幸福美好的生活。

(二)坚持人民至上是党百年奋斗的历史经验

得民心者得天下,失民心者失天下。100多年来,我们党始终坚持"一切为了群众,一切依靠群众,从群众中来,到群众中去",始终与人民想在一起、干在一起、风雨同舟、同甘共苦,与人民心心相印,为人民不懈奋斗,赢得了人民的支持与拥护。党的十一届六中全会通过的《关于建国以来党的若干历史问题的决议》,对群众路线的内涵作出了更为明确、简洁的概括,即

"群众路线,就是一切为了群众,一切依靠群众,从群众中来,到群众中去"。党的十九届六中全会审议通过的《中共中央关于党的百年奋斗重大成就和历史经验的决议》,将"坚持人民至上"作为我们党百年奋斗的一条重要历史经验,强调指出"全党必须永远保持同人民群众的血肉联系,践行以人民为中心的发展思想,不断实现好、维护好、发展好最广大人民根本利益,团结带领全国各族人民不断为美好生活而奋斗"。

(三)坚持人民至上是人民主体地位的根本体现

中国共产党在团结带领人民不懈奋斗的百年征程中,始终坚持人民的主体地位,重视组织和发动人民群众,紧紧依靠人民创造了新民主主义革命、社会主义革命和建设、改革开放和社会主义现代化建设、新时代中国特色社会主义的伟大成就。人民群众是党的力量源泉,是国家的坚实根基,发挥人民首创精神,从人民中汲取智慧,最大限度激发蕴藏于人民群众中的伟大力量,才能使党和国家事业获得无穷的前进动力。历史与现实一再表明,只要赢得人民信任,得到人民支持,党就能够克服任何困难,就能够一往无前、无往不胜。

(四)坚持人民至上是人民当家作主的鲜明彰显

习近平总书记在十四届全国人大一次会议上的重要讲话强调"我们要始终坚持人民至上",充分彰显我们党坚持人民至上理念,确保人民当家作主落到实处。

我国全过程人民民主是最广泛、最真实、最管用的民主。党领导下的人民民主体现在民主选举、民主协商、民主决策、民主管理、民主监督等全过程,不仅有完整的制度程序还有完整的实践参与。我们党通过全过程人民民主,使国家政治生活和社会生活各环节各方面都体现人民意愿、听到人民声音,实现党的领导、人民当家作主和依法治国有机统一。

（五）坚持人民至上是实现人民对美好生活向往的本质要求

"人民对美好生活的向往就是我们的奋斗目标"，是坚持人民至上的本质要求，也是中国式现代化鲜明的价值追求。

"中国式现代化是人口规模巨大的现代化""中国式现代化是全体人民共同富裕的现代化"，党的二十大报告充分阐释了中国式现代化是坚持以人民为主体、坚持以人民为中心的现代化。在十四届全国人大一次会议上，习近平总书记深刻指出，"要贯彻以人民为中心的发展思想，完善分配制度，健全社会保障体系，强化基本公共服务，兜牢民生底线，解决好人民群众急难愁盼问题，让现代化建设成果更多更公平惠及全体人民，在推进全体人民共同富裕上不断取得更为明显的实质性进展"；在中国共产党与世界政党高层对话会上的主旨讲话中，习近平总书记又强调，"现代化不仅要看纸面上的指标数据，更要看人民的幸福安康。"

二、"千万工程"始终坚持人民至上、共建共享

（一）实地了解农民群众的需求，走好调查研究"亲民路"

在"千万工程"推进中，坚持"群众要什么、我们干什么，干得好不好、群众说了算"，站稳人民立场，坚持"从群众中来，到群众中去"，访遍"千家万户"，躬身力行察实情，走好调查研究"亲民路"。把群众满意度作为工作成效的最高评判标准，引导群众自觉投入工程建设，共建共享美好家园。

（二）"千万工程"在实施过程中坚持"依靠人民"是行动路径

在推进过程中，由政府、村民和有关团队一起商量着办的场景很常见，村里怎么规划，怎么建设，怎么发展，村民有足够的"话语权"。政府不越位、不包揽、不干预的做法充分激发了村民的主人翁意识，让他们有了更多参与感和获得感，从最初"要

我建设美丽乡村"到"我要建设美丽乡村",同向发力、上下同欲成为了"千万工程"的源源动力。当前,国内改革发展稳定面临不少深层次矛盾,各种风险挑战更加严峻、更加复杂,躲不开也绕不过。党员干部要牢记人民群众的力量是无穷的,广泛动员群众、组织群众、凝聚群众,充分发挥人民群众的力量,找到破解难题的办法和路径。

(三)"千万工程"在实施过程中特别强调发挥农民群众的主体作用

调动广大农民群众建设美好家园的主动性和积极性,鼓励村集体和农户按照量力而行、尽力而为的原则,出资投劳建设美丽家园。正因为"千万工程"充分尊重农民意愿、解决了农业农村发展最迫切、农民反映最强烈的实际问题,才得到农民群众的积极支持和真心点赞。习近平总书记强调,要把那些农民最关心最直接最现实的利益问题,一件一件找出来、解决好,不开空头支票,让农民的获得感、幸福感、安全感更加充实、更有保障、更可持续。

(四)时刻坚持"为了人民"是价值取向

"千万工程"实施之初就紧紧围绕人民群众反映强烈的农村人居环境问题,以解决农村"脏乱散差"为起点逐步推进,通过同乡村振兴、共同富裕有效衔接,促进了农业强、农村美、农民富,造就万千新时代美丽乡村。温州市永嘉县岩坦镇源头村拆违建、清"臭源",杭州市萧山区梅林村推动"互联网+特色农业",衢州市开化县华埠镇金星村管斧头、护山头、守源头……"千万工程"从农民群众角度思考问题,把矛头对准群众的操心事、烦心事、揪心事,不断解决好农业农村发展最迫切、农民反映最强烈的实际问题。

20年来,"千万工程"不断升级拓展,经历了"千村示范、万村整治""千村精品、万村美丽""千村未来,万村共富"三个阶段的迭代升级，不仅造就了浙江万千美丽乡村，而且造福了万千农民群众，取得了明显成效。"千万工程"深刻彰显了以人民为中心的根本立场和人民至上的价值理念。

实践证明，只有心里真正装着农民，想农民之所想，急农民之所急，不断解决好农业农村发展最迫切、农民反映最强烈的实际问题，才能得到农民群众的真心支持和拥护，才能加快补齐农业农村这块我国现代化建设的短板。新时代新征程上，要更加自觉站稳人民立场，强化宗旨意识，尊重人民意愿，采取更多惠民生、暖民心的举措，千方百计拓宽农民增收致富渠道，巩固拓展好脱贫攻坚成果，让农民腰包越来越鼓、日子越过越红火，推动农民农村共同富裕取得更为明显的实质性进展。

> **知识链接**："千村示范、万村整治""千村精品、万村美丽""千村未来，万村共富"三个阶段
>
> 第一阶段（2003—2010年）："千村示范、万村整治"阶段，以村庄环境综合整治为重点，全面推进"三清两化"（清垃圾、清污水、清厕所，道路硬化、村庄绿化）行动，万千村庄从人居环境整治入手，由环境变革触发了生态变革；
>
> 第二阶段（2011—2020年）："千村精品、万村美丽"阶段，以美丽乡村建设为重点，推动广大乡村更加美丽宜居；
>
> 第三阶段（2021年至今）："千村未来，万村共富"阶段，重点是提升乡村产业匹配度、基础设施完备度、公共服务便利度、城乡发展融合度。从2023年起，浙江提出新型城镇化和乡村振兴"双轮驱动"，把提高县城承载能力与深化"千万工程"结合了起来。

第二节 坚持系统观念

党的二十大报告深刻阐述了习近平新时代中国特色社会主义思想的世界观和方法论，即"六个必须坚持"，其中第五个是"必须坚持系统观念"。习近平总书记指出："系统观念是具有基础性的思想和工作方法。"

"千万工程"面向农村、扎根农村，并非是把农村与城市两者割裂开来。实施20年来，浙江从统筹城乡发展到推动城乡融合发展，始终坚持推动城乡公共服务均等化，把农村和城市作为一个有机整体系统考虑、统筹协调，逐步形成工农互促、城乡互补、协调发展、共同繁荣的新型工农城乡关系。在推进"千万工程"过程中，不论是"污水革命""垃圾革命""厕所革命"建设，还是县域美丽乡村建设规划，城市建设治理推进到哪里，农村环境整治和发展规划也推进到哪里，决不落下一个村，这才有了如今城乡融合发展的良好局面。

"千万工程"蕴含着丰富的系统观念，学好"千万工程"的系统观念，就要学会正确处理好局部和全局、当前和长远、速度和质量的关系，并将其转化为推进本区域高质量发展的思路和方法。

一、统筹好"局部"和"全局"的关系

局部和全局互相依存、互相促进。局部依托和服务于全局，如果不从全局、整体去考虑，就容易"只见树木不见森林"；然而，全局又不能脱离局部，需要局部作用的发挥。

浙江省通过实施"千万工程"，坚持统筹规划、分步实施，一张蓝图绘到底，一件事接着一件事办，一年接着一年干；从解

决群众反映最强烈的环境脏乱差做起,统筹抓好乡村环境整治与乡风文明培育、产业发展与生态保护、人才振兴与乡村治理等工作;从创建示范村、建设整治村,以点带线、连线成片,再到全域规划、全域建设、全域提升、全域管理,实现美丽乡村建设水平的整体提升。走出了一条"以点促线""以线促面"再到"全域发展"的新路径,实现了由一个个具体的行政村和示范村再到"浙江高质量发展建设共同富裕示范区"的蝶变。

同时,把城市地区和农村地区作为一个有机整体来统筹考虑,形成了有效推进城乡融合发展的合力。实施"千万工程",从统筹城乡发展到推动城乡融合发展,始终坚持推动城乡公共服务均等化,把农村和城市作为一个有机整体系统考虑、统筹协调,逐步形成工农互促、城乡互补、协调发展、共同繁荣的新型工农城乡关系。

二、统筹好"当前"和"长远"的关系

党的十八大以来,习近平总书记多次讲到"立足当前、着眼长远"。"立足当前"就是要一步一个脚印地解决具体问题,多做打铺垫、管根本的事;而"着眼长远"就是要把眼光放得长远一些,有"功成不必在我"的境界,坚持久久为功,以更宽广的视野来抓谋划和促发展。

20年来,浙江省紧盯"千万工程"目标不动摇,始终把"千万工程"作为"一把手"工程,保持战略定力,一任接着一任干,每年召开深化"千万工程"现场会,由省委书记亲自参加并作工作部署。在立足当前的同时,着眼长远,在实现一个个具体目标的基础上又不断提出新的目标,从"千村示范、万村整治"引领起步到"千村精品、万村美丽"深化提升,从"千村未来、万村共富"迭代升级到"千村向未来、万村奔共富、城乡促融合、全域创和美"生动局面，再到现如今"浙江高质量发展建设共同富裕示范区"的新目标，既不断丰富着"千万工程"的内涵，又深化拓展了"千万工程"的外延。

三、统筹好"速度"和"质量"的关系

增强高质量发展"动力"。在经济社会发展中，速度和质量是相互依存的。没有一定的速度，难以企及发展的质量；没有相应的质量，就遑论发展的速度。浙江省坚持"速度"与"质量"并重，在追求发展速度的同时，也注重发展的质量。从发展速度方面看，20年来浙江省保持着较高的增速，地区生产总值从8 000亿元跃升至7.77万亿元，增长了8.7倍；进出口总额占全国比重从6.8%提高至11.1%；城市和农村居民人均可支配收入分别由2003年的13 180元和5 431元提高到2022年的71 268元和37 565元，分别增长了4.4倍和5.9倍。从发展质量方面看，20年来，高质量发展始终是浙江经济社会发展的主旋律。第三产业占比从40.3%提高至54.3%；科技进步贡献率从43.6%提高至68%，研发人员密度为国内第3位，数字经济增加值占GDP比重超过50%，区域创新能力从国内第6位跃居第4位，农业现代化水平居国内第3位；森林覆盖率从59.4%提高至61.24%，农村生活垃圾集中收集处理实现了全覆盖，无害化处理率达100%。截至2022年底，浙江省城、乡居民收入分别连续22年和38年居全国各省（区、市）第一位，城乡居民收入比为1.9，连续10年呈缩小态势。

实践证明"千万工程"是城乡关系、人与自然关系的深刻调整，是乡村生产方式、生活方式、治理方式的重大变革。新时代新征程上，全面推进乡村振兴，加快建设农业强国，需要做到统筹兼顾、系统谋划、整体推进。我国有近8亿农民，牵一发而

动全身,要牢固树立"绿水青山就是金山银山"的理念,建立健全城乡融合发展的体制机制,整治提升农村人居环境。把握好经济发达地区与欠发达地区、沿海沿江与丘陵平原地带的差异,推进农村生活垃圾处理、生活污水治理、农村厕所革命等群众反映强烈的问题,努力打造绿色生态的富民家园。

> **知识链接**:"千万工程"的主要内容及启示
>
> "千万工程"的主要内容包括全域编制建设规划、实施村庄环境综合整治、培育建设中心村、抓好农村垃圾革命、深化农村厕所革命、推进农村污水革命、保护利用好历史文化村落、加强乡村风貌引导、开展美丽乡村示范创建等,是一项涉及农村政治、经济、文化、社会和生态文明建设的系统工程。
>
> 浙江围绕科学规划布局美、村容整洁环境美、创业增收生活美、乡风文明身心美的总要求,推进农村生态人居、生态环境、生态经济、生态文化建设,建设美丽乡村,实现了农业生产、农村建设、乡村生活生态的良性循环,走出了一条迈向农业高质高效、农村宜居宜业、农民富裕富足的康庄大道,成为系统化解决"三农"问题的一把金钥匙。
>
> 习近平同志曾经在"千万工程"工作现场会上指出,"千万工程"是推进新农村建设的龙头工程、统筹城乡兴"三农"的有效抓手、造福千万农民的民心工程。因此,从方法论上看,"千万工程"是系统观念与系统方法在"三农"工作实际中的成功应用与实践。

第三节　坚持因地制宜

诗画江南，千村千韵。"千万工程"二十年，造就了之江大地万千美丽乡村。一村一画，各美其美，既体现了江南鱼米之乡、山水浙江的风采特色，也实现了传统文化与时代要求有机融合的美好愿景，走出了一条各具特色的整治美村、富民强村之路。回溯历史，如果说"千万工程"用20年积累了一座精神的宝库、经验的富矿，那么其中一条熠熠闪光的宝贵经验就是坚持因地制宜、分类指导。

"千万工程"启动伊始，时任浙江省委书记的习近平同志就特别强调了"因地制宜"这一重要的方法论，他指出，要坚持因地制宜、分类指导，外地的经验可以学，但一定要从实际出发，注重量力而行，防止贪大求洋，盲目攀比。在全国推广"千万工程"经验时，习近平总书记于2018年作出的批示中又一次强调，进一步推广浙江好的经验做法，因地制宜、精准施策，不搞"政绩工程""形象工程"。

浙江农村区域差异性大、经济社会发展不平衡。"千万工程"从一开始，就对"示范村"和"整治村"分别提出任务要求。随着工作不断深化，又针对发达和欠发达地区、城郊村庄和传统农区、丘陵山区和海岛渔村等进一步分类细化了整治建设目标和重点。现在浙江又针对"未来乡村"建设，提出了"一统三化九场景"的具体要求，每个场景还有细化的指标体系和操作性的导则手册，形成了契合实际的模块化推进思路办法。

第三章 学好"千万工程"的方法

> **知识链接：**
>
> 1. 什么是未来乡村？
>
> 根据《浙江省人民政府办公厅关于开展未来乡村建设的指导意见》，以人本化、生态化、数字化为建设方向，以原乡人、归乡人、新乡人为建设主体，以造场景、造邻里、造产业为建设途径，以有人来、有活干、有钱赚为建设定位，以乡土味、乡亲味、乡愁味为建设特色，本着缺什么补什么、需要什么建什么的原则，打造未来产业、风貌、文化、邻里、健康、低碳、交通、智慧、治理等场景，集成"美丽乡村+数字乡村+共富乡村+人文乡村+善治乡村"建设，着力构建引领数字生活体验、呈现未来元素、彰显江南韵味的乡村新社区。
>
> 2. 什么是"一统三化九场景"？
>
> 所谓"一统三化九场景"，就是坚持党建统领，以人本化、生态化、数字化为价值导向，以和睦共治、绿色集约、智慧共享为基本内涵，构建未来邻里、教育、健康、创业、建筑、交通、低碳、服务和治理九大场景，让乡村治理更有热度、更有活力、更有温度。

全面推进乡村振兴，也要坚持因地制宜，结合本地区特点，构建起不同区域、不同发展水平、不同发展模式的乡村振兴制度体系，汲取"千万工程"经验，实施乡村振兴战略要统筹考虑以下内容。

一、统筹城乡，规划先行

规划是建设的龙头，规划水平的高低，在一定程度上决定着乡村发展的前途和命运。要像重视城镇建设规划一样重视农村建设规划，注重长远，量力而行。规划中要统筹城乡关系，破除城乡要素流动壁垒促进优质要素流向农村，充分考虑乡村特色，体现不同地域乡村的特点，贯穿人与自然和谐的规划理念，使人居环境与自然环境有机地融为一体。

二、坚持尽力而为、量力而行，不超越发展阶段

顺应乡村发展规律，务实渐进推进工作，把握好整治力度、建设深度、推进速度、财力承受度、农民接受度的关系，确保乡村建设始终同农村经济发展水平相适应，同当地文化和风土人情相协调。人口偏少和人口持续流出的乡村，要从当地实际出发，灵活运用浙江的经验做法。坚持有多少能力办多少事，不开空头支票，不吊高农民胃口，坚决反对盲目攀比、铺张浪费、劳民伤财，严禁违背农民意愿搞合村并居，有效防范和处置变相举债、新增隐性债务等各类风险。

三、坚持求真务实，不搞形象工程

大兴调查研究，从实际出发想问题、作决策、办事情。树立正确的政绩观，坚持数量服从质量、进度服从实效，求好不求快。统筹规划、因地制宜、分类施策，把握好"点"和"面"的关系，促进各类村庄人居环境均衡发展。聚焦普惠性、基础性、兜底性民生建设，多干雪中送炭的民生实事，少做锦上添花的表面文章，不搞花架子、堆盆景，严禁搞脱离实际的"样板工程""政绩工程"，确保经得起历史和群众的检验。

四、坚持尊重农民意愿，不搞强迫命令

坚持乡村振兴为农民而兴、乡村建设为农民而建，尊重农民

主体地位和首创精神,厘清政府干和农民干的边界。该由政府干的主动想、精心谋、扎实做,该由农民自主干的不越位、不包揽、不干预。保障农民的知情权、参与权、决策权,不搞包办代替,不搞大包大揽,避免代替农民选择,让农民成为乡村发展、建设、治理的参与者和受益者。

五、正确处理经济发展与村庄建设的关系

把特色农业、特色工业、特色观光休闲业与乡村建设结合起来。比如,特色工业村可以按照工业区与居住区逐步分离的原则规划建设,平原农区则按照发展特色高效生态农业、设施农业、循环农业的要求进行整治,丘陵山区的村子要充分利用资源和景观优势,发展特色林果、休闲农业。

正确处理保护历史文化与村庄建设的关系。在建设中要切实保护好历史遗迹、名人故居、古建筑、古村落,建成更多体现文化底蕴、历史积淀的文化名村、特色古村,做到传承历史文化与融入现代文明的有机统一。

在推进乡村全面振兴过程中,必须坚持从实际出发、因地制宜,根据区位特征、自然条件、经济基础、资源优势、文化传统等客观条件,明确建设重点,逐步拓展建设领域,推动各种类型乡村各展其长,充分体现差异化发展,让每一个乡村都找到适合自己的"最优解",各美其美、美美与共,打造具有本地特色的现代版"富春山居图"。

第四节　坚持锲而不舍

"千万工程"20年来坚持一张蓝图绘到底,一件事情接着一件事情办,一年接着一年干,一任接着一任干,每年召开一

次现场推进会,每5年出台一个行动计划,每阶段出台一个实施意见,针对不同时期的工作重心,制定解决方案、明确目标任务、细化政策措施,不折腾、不动摇,不断积小胜为大胜,创造了接续奋斗不停歇、锲而不舍抓落实、"一张蓝图绘到底"的典范。

进入新时代,习近平总书记多次强调,要保持历史耐心和战略定力,以功成不必在我的精神境界和功成必定有我的历史担当,既要谋划长远,又要干在当下。多做一些打基础、做铺垫的事,前人栽树、后人乘凉的事,创造实实在在的业绩。

"千万工程"在实践过程中,内涵和外延不断拓展深化,实现了"千村示范、万村整治""千村精品、万村美丽""千村未来,万村共富"三个阶段的迭代升级。工作中总结提炼出了具有普遍实用的工作方法"1881"体系、"十个一"工作经验等,每个阶段都有主要目标任务。

一、"千村示范、万村整治"阶段主要举措和进展

2003年6月5日,浙江省委、省政府在杭州召开全省"千村示范、万村整治"工作会议,启动"千万工程"。时任浙江省委书记的习近平同志出席,部署从整治农村人居环境入手,改善农村生产、生活、生态环境,提高农民生活质量。同日,浙江省委、省政府印发《关于实施"千村示范、万村整治"工程的通知》,提出5条政策措施:按照集中财力办大事的原则,落实必要的建设资金;整合各部门力量,组织实施有关项目;积极盘活存量土地,保证村庄建设必要的用地;强化服务措施,降低建设成本;充分运用市场机制,广泛吸纳社会资金。

2004—2006年,浙江省委、省政府先后在湖州、嘉兴、台

州召开全省"千万工程"工作现场会,习近平同志均出席会议,并分别发表了《以科学发展观为指导,深入实施"千村示范、万村整治"工程》《深入实施"千村示范、万村整治"工程,全面推进社会主义新农村建设》《发挥"千村示范、万村整治"工程龙头作用,推动社会主义新农村建设深入开展》三个重要讲话。

2007—2010年,浙江省委、省政府先后在衢州、金华、舟山、宁波四地召开全省"千万工程"工作现场会,对上一阶段"千万工程"工作进行全面总结,围绕建设农村新社区进行深入部署。截至2010年底,通过全面推进村内道路硬化、垃圾收集、卫生改厕、河沟清淤、村庄绿化,全省10 303个建制村得到整治,其中1 181个村建设成为"全面小康建设示范村"。全省村庄整治任务基本完成,农村人居环境首次实现质的跃升。

二、"千村精品、万村美丽"阶段主要举措和进展

2010年12月,浙江省委、省政府印发《浙江省美丽乡村建设行动计划》,系统推进"四美三宜两园"(科学规划布局美、村容整洁环境美、创业增收生活美、乡风文明身心美,宜居宜业宜游的农民幸福家园、市民休闲乐园)建设。

2012年,在"美丽乡村"建设的基础上,全面启动历史文化(传统)村落保护利用工作,把"修复优雅传统建筑、弘扬悠久传统文化、打造优美人居环境、营造休闲生活方式"作为历史文化(传统)村落保护利用的建设方向,整体推进古建筑与村庄生态环境的综合保护、优秀传统文化的发掘传承、村落人居环境的科学整治和乡村休闲的有序发展。这既保存了历史文化(传统)村落的面貌完整性和历史真实性,也注重了村庄的可持续发展。

2013年5月,在"千万工程"实施10周年之际,习近平总书记作出重要指示,强调要认真总结浙江省开展"千村示范、万村整治"工程的经验并加以推广。2013年10月9日,全国首次改善农村人居环境工作会议在浙江桐庐县举行,总结推广浙江省开展"千万工程"经验。

2016年4月,浙江省委、省政府印发《浙江省深化美丽乡村建设行动计划(2016—2020年)》,通过美丽乡村示范县、风景线、示范乡镇、特色精品村和美丽庭院"五美联创",把"盆景"变风景。2017年6月,浙江省第十四次党代会提出,在提升生态环境质量上更进一步、更快一步,努力建设美丽浙江,并首次提出谋划实施"大花园"建设行动纲要。截至2017年底,浙江省累计有2.7万个建制村完成村庄整治建设,占全省建制村总数的97%;74%的农户厕所污水、厨房污水、洗涤污水得到有效治理;生活垃圾集中收集、有效处理的建制村全覆盖,41%的建制村实施生活垃圾分类处理。

2018年4月,在"千万工程"实施15周年之际,习近平总书记作出重要指示,强调浙江省15年间久久为功,扎实推进"千万工程",造就了万千美丽乡村,取得了显著成效。农村环境整治,不管是发达地区还是欠发达地区都要搞,但标准可以有高有低。要结合实施农村人居环境整治3年行动计划和乡村振兴战略,进一步推广浙江好的经验做法,因地制宜、精准施策,不搞"政绩工程""形象工程",一件事情接着一件事情办,一年接着一年干,建设好生态宜居的美丽乡村,让广大农民在乡村振兴中有更多获得感、幸福感。

2018年4月26日,全国改善农村人居环境工作会议在浙江安吉县召开。同年10月,习近平总书记作出重要指示,强调浙江省"千万工程"起步早、方向准、成效好,对全国有示范作

第三章 学好"千万工程"的方法

用,在国际上得到认可。要深入总结经验,指导督促各地朝着既定目标,持续发力,久久为功,不断谱写美丽中国建设的新篇章。

到2020年底,浙江全省所有村庄均完成人居环境整治任务,村庄的基础设施、生产条件、村容村貌、文化建设、公共服务都发生了巨大变化,实现了村村通公交、村村通宽带、村村有公共服务中心,实现了垃圾集中收集和无害化处理、农村污水集中处理,农房和庭院得到全面整治,建成了一大批美丽乡村精品村和美丽乡村风景线,以"千万工程"为引领的美丽乡村建设取得了显著成效。

三、"千村未来、万村共富"阶段主要举措和进展

2021年以来,浙江从高质量发展建设共同富裕示范区这一新任务出发,先后制定《深化"千万工程"建设新时代美丽乡村"十四五"行动计划》《关于开展未来乡村建设的指导意见》,坚持以深化"千万工程"为总牵引,以未来乡村建设为试验田,打造未来产业、风貌、文化、邻里、健康、低碳、交通、智慧、治理九大场景,重塑城乡融合的规划体系、多方联动的建设机制、"四治融合"的治理格局、片区组团的经营模式和优质共享的服务体制,打通"规划、建设、管理、经营、服务"全链条,开辟"千村向未来、万村奔共富"的乡村建设新格局,推动乡村从美丽宜居跃向共富共美。

2021年9月24日,全国农村人居环境整治提升现场会在浙江景宁畲族自治县召开。截至2022年底,浙江全省90%以上的村庄达到新时代美丽乡村标准;创建美丽乡村示范县70个、示范乡镇724个、风景线743条、特色精品村2 170个、美丽庭院300多万户。

2023年6月21日，浙江召开全省深化新时代"千万工程"全面打造乡村振兴浙江样板推进会，结合新形势新任务，锁定深化新时代"千万工程"的目标和抓手："千村引领、万村振兴、全域共富、城乡和美"。"千万工程"实施20年来，浙江提出，在全省选树建成1 000个左右景美人和业兴共富示范村，差异化打造、特质化发展、全域化提升，加快探索走出中国式农业农村现代化新路径，以点带面、突出先行示范的引领作用。

新征程上，我们要紧紧围绕以中国式现代化全面推进中华民族伟大复兴这一中心任务，聚焦高质量发展首要任务，学习"千万工程"这种"一张蓝图绘到底"的战略定力，力戒形式主义、官僚主义，不搞"政绩工程""形象工程"，克服政绩冲动、盲目蛮干和"换赛道""留痕迹"等不正确的政绩观，咬定目标不放松，一任接着一任干，以优良作风推进中国式现代化的进程。

> **知识链接**：什么是"千万工程"的"1881"体系？
>
> 浙江实施"千万工程"20年，始终遵循习近平总书记重要论述精神，紧扣城乡一体化"一条主线"，聚焦规划科学、经济发达、文化繁荣、环境优美、服务健全、管理民主、社会和谐、生活富裕等"八个示范"，开展布局优化、道路硬化、路灯亮化、四旁绿化、河道净化、卫生洁化、住宅美化、服务强化等"八化整治"，坚持加强农村基层组织建设"一个保障"，形成目标精准、思路清晰、重点突出、机制健全的"1881"体系。

第三章 学好"千万工程"的方法

知识链接：什么是"千万工程"的"十个一"工作经验？

"千万工程"实施过程中，浙江总结提炼了"十个一"的工作经验。一是坚守一个追求。把解决好农民群众最关心最直接最现实的利益问题作为"千万工程"的价值追求。二是坚持一张蓝图。按照习近平总书记擘画的宏伟蓝图，一任接着一任干，接续奋斗、锲而不舍。三是成立一个小组。成立"千万工程"协调小组，党委农办协调抓总、组织推动，相关部门各负其责、分工协同。四是出台一批政策。每5年出台1个行动计划，每个重要阶段出台1个实施意见。五是开好一个会议。每年召开高规格现场会，省市县党政"一把手"参会。六是实施一批项目。滚动推进农村生活垃圾和污水治理、厕所改造、历史文化村落保护利用等一大批实体项目。七是统筹一笔资金。20年各级财政投入"千万工程"资金约3 000亿元，撬动社会资本投入超5 000亿元。八是创建一批示范。坚持"五级联动""五美联创"，创建一批示范县、示范带、示范乡镇、示范村与示范庭院。九是建立一批机制。建立党政主导、各方协同、分级负责的实施机制，因地制宜、循序渐进、分类施策的推进机制，规划先行、标准规范、技术保障的引导机制，要素跟进、长效运行、成果转化的保障机制等。十是形成一组链条。坚持乡村规划、建设、管理、经营、服务"五位一体"、全程联动。

第四章 用好"千万工程"经验

第一节 深化农村人居环境整治

2017年11月20日,习近平总书记主持召开十九届中央全面深化改革领导小组第一次会议。会议审核通过了《农村人居环境整治三年行动方案》。会议指出,开展农村人居环境整治行动,要统筹城乡发展,统筹生产生活生态,以建设美丽宜居村庄为导向,以农村垃圾、污水治理和村容村貌提升为主攻方向,动员各方力量,整合各种资源,强化各项举措,加快补齐农村人居环境突出短板。要注意因地制宜,保护、保留乡村风貌。2018年2月,中共中央办公厅、国务院办公厅印发了《农村人居环境整治三年行动方案》,并发出通知,要求各地区各部门结合实际认真贯彻落实。《农村人居环境整治三年行动方案》提出,到2020年,实现农村人居环境明显改善,村庄环境基本干净整洁有序,村民环境与健康意识普遍增强。

2021年12月,中共中央办公厅、国务院办公厅印发《农村人居环境整治提升五年行动方案(2021—2025年)》指出,我国农村人居环境总体质量水平不高,还存在区域发展不平衡、基本生活设施不完善、管护机制不健全等问题,与农业农村现代化要求和农民群众对美好生活的向往还有差距。为加快农村人居环境整治提升,制定本方案。明确到2025年,农村人居环境显著改善，生态宜居美丽乡村建设取得新进步的行动目标。扎实推进农村厕所革命，加快推进农村生活污水治理，全面提升农村生活垃圾治理水平，推动村容村貌整体提升，建立健全长效管护机制。

2024年1月10日，农业农村部关于落实中共中央、国务院《关于学习运用"千村示范、万村整治"工程经验有力有效推进乡村全面振兴工作部署的实施意见》指出，深入实施农村人居环境整治提升行动。稳步推进农村改厕。指导中西部资源条件适宜且技术模式成熟地区稳步推进户厕改造，积极开展干旱寒冷地区适用技术产品研发与试点，探索农户自愿按标准改厕、政府验收合格后补助到户的奖补模式。具备条件的推进厕所与生活污水处理设施同步建设、一并管护。协同推进农村生活污水垃圾治理。分类梯次推进农村生活污水治理，开展农村黑臭水体动态排查和源头治理。健全农村生活垃圾分类收运处置体系，在有条件的地方探索推进源头分类减量与资源化利用。整体提升村容村貌。建立健全常态化清洁制度，有序推进村庄清洁行动。开展美丽宜居村庄创建示范。

早在2003年"千万工程"启动之时，浙江省就从农村垃圾、污水、厕所入手，开启了村庄环境清洁卫生治理的行动。20年来，浙江省基本完成了农村环境"三大革命"任务，农村环境面貌彻底改观。"千万工程"的人居环境整治实践经验，有以下几项可供借鉴。

一、"千万工程"通过"垃圾革命""厕所革命""污水革命"彻底改观农村环境

一是持续发力"垃圾革命"。建立起覆盖全域、运作规范、处理高效、保障有力的农村生活垃圾处理体系，成功推动农民群众由"垃圾扫出门"到"垃圾扔进桶"再到"垃圾分好类"的三级跳。2022年,全省农村生活垃圾分类覆盖面100%,无害化处理率100%,生活垃圾回收利用率60%,资源化利用率100%。

二是集中发力"污水革命"。浙江省标本兼治、集中发力农村生活污水治理攻坚,全面实施"五水共治"(是指治污水、防洪水、排涝水、保供水、抓节水),把治水作为生态文明建设的重中之重,农户厕所污水、厨房污水和洗涤污水截污纳管率95%,乡村劣五类小微水体全部消除,实现了水环境由"脏"到"净",再到"清",并正在向"美"的持续改变。

三是有效发力"厕所革命"。坚决落实习近平总书记关于"厕所革命"重要指示精神,以每年2 000个村、50万户左右的进度推进农村改厕。到2022年,全省农村卫生厕所普及率100%,农村无害化卫生户厕覆盖率99%以上。

二、"千万工程"在农村人居环境整治中形成的典型模式

浙江省的"千万工程"不仅改善了农村环境面貌,而且带动了农村经济社会发展,形成了安吉模式、永嘉模式、龙溪模式、萧山模式等典型农村环境整治和美丽乡村实践模式。

安吉模式。20世纪末,造纸、化工、印染等企业的发展使安吉地区经济增长较快,但同时也带来了环境污染问题。随后,安吉县政府提出生态立县的发展战略,对相关企业进行强制治理,努力实现经济生态化。安吉以多种形式推进农村人居环境整治,集中进行工业污染整治、污水处理、河沟池塘污染治理以及违章建筑整治等;同时立足生态环境资源优势创造绿色经济,如发展竹林和白茶、生态乡村休闲旅游和绿色食品等新兴产业,提出经营村庄和"生态+文化"的发展理念,推进美丽乡村建设。

永嘉模式。永嘉县也曾有"脏乱差"的现象,部分农村中

的金属加工企业产生的废渣、废气让村民深受污染之苦。为使企业正常发展又有效改善环境，永嘉县政府采取用能转型并淘汰落后产能，让企业进行用能改造，转用清洁能源，基本消除了污染排放并使农村环境转好。永嘉县源头村还将环保与新农村建设相结合，建"新村"换"旧村"，在全省首创"整村置换"模式，采取"古村落保护+生态旅游"的理念，通过乡村振兴示范带建设推动绿色发展。

龙溪模式。龙溪市美丽乡村建设起步早、基础好，专项整治工作推进速度快、氛围好，但农民并不富裕。近年来，龙溪市乡村通过吸引外来资本修路和改造农田，采取"公共艺术+创意农业"的发展理念，以动漫花谷、开心农场等项目带动产业发展，使其转化为经济发展的动力，建设了有当地特色的田园综合体，发展"美丽经济"并谋划"退二进三"，优化了产业结构，使乡村经济在转型中稳步提升。

萧山模式。萧山区通过编制《萧山区美丽乡村建设指导手册》等地方规范指导美丽乡村建设。首先，补齐环境短板，启动"散乱污"行业的整治，政府在淘汰落后产能的同时，助力生态产业发展；其次，采取"乡村节庆+民宿产业"的发展理念，发展园林绿化、花卉苗木等产业以形成绿色经济。

"千万工程"从农村人居环境整治入手，改变的却远不只是人居环境，还带来发展理念与模式的变革重塑。在相当长时间里，农村经济发展和生态环境保护被认为难以兼顾，农村环境遭到破坏，导致难题颇多。在推进"千万工程"过程中，浙江并未就环境抓环境，而是综合运用统筹发展的方式，不仅为农村带来生态革命，更带来发展方式与生活方式的革命，催生了美丽经济的新产业，生态农业、农村电商、乡村旅游等新业态蓬勃发展。不以牺牲生态环境为代价，农民的钱袋子依然可以鼓起来。

第二节 促进城乡融合发展

城乡融合发展是破解新时代社会主要矛盾的关键抓手。党的十九大指出,我国社会主要矛盾已经转化为人民日益增长的美好生活需要和不平衡不充分的发展之间的矛盾。我国最大的不平衡是城乡关系的不平衡,最大的不充分是乡村发展的不充分。我们仍然处于并将长期处于社会主义初级阶段的特征,很大程度上就表现在城乡的二元结构上。解决发展的不平衡、不充分问题,不断满足广大农民群众日益增长的美好生活需要,在很大程度上需要依靠城乡融合发展和乡村振兴。

2019年4月《中共中央、国务院关于建立健全城乡融合发展体制机制和政策体系的意见》发布,对城乡要素合理配置、农村承包地和建设用地使用权交易、城乡产业融合发展、城乡基本公共服务普惠共享、城乡基础设施一体化发展、乡村经济多元化发展和城乡产业融合发展等提出了制度变革要求,制定了系统性的政策。

2020年4月国家发展改革委发布《2020年新型城镇化建设和城乡融合发展重点任务》,提出要加快实施以促进人的城镇化为核心、提高质量为导向的新型城镇化战略,推进以县城为载体的城镇化建设。

2021年2月《中共中央、国务院关于全面推进乡村振兴加快农业农村现代化的意见》发布,对新阶段优先发展农业农村、全面推进乡村振兴作出总体部署,提出要走中国特色社会主义乡村振兴道路,加快农业农村现代化,加快形成工农互促、城乡互补、协调发展、共同繁荣的新型工农城乡关系。

2021年发布《新型城镇化和城乡融合发展重点任务》,深入实施以人为核心的新型城镇化战略，促进农业转移人口有序有效融入城市，增强城市群和都市圈承载能力，转变超大特大城市发展方式，提升城市建设与治理现代化水平，推进以县城为重要载体的城镇化建设，加快推进城乡融合发展，为"十四五"开好局起好步提供有力支撑。各部委也制定了相关政策并正在全力推进城乡融合发展及新型城镇化工作。

2022年发布《新型城镇化和城乡融合发展重点任务》贯彻落实《国家新型城镇化规划（2021—2035年）》，深入推进以人为核心的新型城镇化战略，提高新型城镇化建设质量，围绕提高农业转移人口市民化质量、持续优化城镇化空间布局和形态、加快推进新型城市建设、提升城市治理水平、促进城乡融合发展等多方面内容，明确26项具体任务。

2023年中央一号文件提出，健全城乡融合发展体制机制和政策体系，畅通城乡要素流动。统筹县域城乡规划建设，推动县城城镇化补短板强弱项，加强中心镇市政、服务设施建设。深入推进县域农民工市民化，建立健全基本公共服务同常住人口挂钩、由常住地供给机制。做好农民工金融服务工作。梯度配置县乡村公共资源，发展城乡学校共同体、紧密型医疗卫生共同体、养老服务联合体，推动县域供电、供气、电信、邮政等普遍服务类设施城乡统筹建设和管护，有条件的地区推动市政管网、乡村微管网等往户延伸。扎实开展乡村振兴示范创建。

2024年中央一号文件提出，统筹新型城镇化和乡村全面振兴，提升县城综合承载能力和治理能力，促进县乡村功能衔接互补、资源要素优化配置。优化县域产业结构和空间布局，构建以县城为枢纽、以小城镇为节点的县域经济体系，扩大县域就业容量。统筹县域城乡基础设施规划建设管护，推进城乡学校共同体、紧密型县域医共体建设。实施新一轮农业转移人口市民化行动，鼓励有条件的县（市、区）将城镇常住人口全部纳入住房保障政策范围。

浙江省"千万工程"实施之初，时任浙江省委书记的习近平同志就提出要用统筹城乡兴"三农"的新思路来推动工程建设，强调在工程建设中必须贯彻以工促农、以城带乡的思想，做到城市基础设施向农村延伸，城市公共服务向农村覆盖，城市现代文明向农村辐射，促进城乡一体化发展。第一次系统提出进一步发挥"八个方面的优势"、推进"八个方面的举措"，简称"八八战略"，成为引领浙江省长远发展的总纲领、总遵循。

知识链接：什么是"八八战略"？

2003年7月10日，浙江省委十一届四次全会召开。时任浙江省委书记的习近平同志第一次系统提出进一步发挥"八个方面的优势"、推进"八个方面的举措"，成为引领浙江省长远发展的总纲领、总遵循。2018年7月8日，习近平总书记对浙江省工作专门作出重要指示，充分肯定浙江省委在"八八战略"指引下坚持一张蓝图绘到底、一任接着一任干，推动经济社会发展取得了历史性成就。他强调，干在实处永无止境，走在前列要谋新篇，勇立潮头方显担当。"八八战略"的具体内容是：

（一）进一步发挥浙江的体制机制优势，大力推动以公有制为主体的多种所有制经济共同发展，不断完善社会主义市场经济体制。

（二）进一步发挥浙江的区位优势，主动接轨上海、积极参与长江三角洲地区交流与合作，不断提高对内对外开放水平。

（三）进一步发挥浙江的块状特色产业优势，加快先进制造业基地建设，走新型工业化道路。

（四）进一步发挥浙江的城乡协调发展优势，统筹城乡经济社会发展，加快推进城乡一体化。

（五）进一步发挥浙江的生态优势，创建生态省，打造"绿色浙江"。

（六）进一步发挥浙江的山海资源优势，大力发展海洋经济，推动欠发达地区跨越式发展，努力使海洋经济和欠发达地区的发展成为全省经济新的增长点。

（七）进一步发挥浙江的环境优势，积极推进基础设施建设，切实加强法治建设、信用建设和机关效能建设。

（八）进一步发挥浙江的人文优势，积极推进科教兴省、人才强省，加快建设文化大省。

一、浙江省"千万工程"在统筹城乡促发展方面的主要做法

一是改变过去规划建设重城市轻乡村的观念，真正把农业发展、农村建设、农民利益与城市纳为一个有机整体，坚持城乡一体设计、多规合一、功能互补。

二是着力推动城乡基本公共服务均等化，不仅尽快补上历史欠账，更应在提标扩面上下功夫，不断提升农村基础设施完备度、公共服务便利度。

三是着力推动城乡居民基本权益平等化，保障好进城农民在就业、子女教育、住房和社保等方面享有的同等权益，维护好他们在农村的土地和集体收益权益，让农民的获得感、幸福感、安全感更加饱满，更可持续。

二、浙江省在推进城乡融合方面取得的显著成效

20年来，浙江省以"千万工程"推进城乡融合发展，以城带乡、以工促农、城乡互促共进，逐步形成合理的"城—镇—乡—村"体系，为共同富裕示范区建设打下坚实基础。城乡基础设施加快同规同网，最低生活保障实现市域城乡同标，基本公共服务均等化水平全国领先，农村"30分钟公共服务圈""20分钟医疗卫生服务圈"基本形成，城乡居民收入比从2003年的2.43缩小到2022年的1.90。"城市有乡村更美好、乡村让城市更向往"成为浙江城乡融合发展的生动写照。

（一）城乡基础设施更加完善

2022年，浙江全省城乡公交一体化率达75%，农村等级公路比例100%，县域内跨乡镇、跨行政村断头路基本打通。截至2023年6月，城乡规模化供水覆盖率超90%，水质达标率保持在92%以上，在全国率先基本实现"城乡同质饮水"目标，5G网络、光纤资源实现重点行政村全覆盖。

（二）城乡公共服务更加优质

早在2018年，浙江已率先在全国实现县（市、区）域范围内低保标准城乡一体化，到2022年底全省人均月低保标准1 083元、居全省（区、市）第一，农村幼儿园等级率98.8%、农村优质幼儿园在园幼儿占比73.1%，组建县域医共体162家，建成规范化村级医疗机构1 249家、居家养老服务中心1 456家、社区照料中心2.3万家，累计建成20 511家农村文化礼堂，实现500人以上行政村全覆盖；建成农家书屋25 335个，全省行政村农家书屋全覆盖；从省到村的五级公共文化设施网络布局日臻完善，"15分钟品质文化生活圈""15分钟文明实践服务圈"遍及城乡。

(三) 城乡生产要素流动性更强

健全农村工作指导员制度,截至2023年6月,浙江全省累计选派47万多名、争取各类资金160多亿元。畅通城乡土地要素有序流通,累计实施城乡建设用地增减挂钩项目4 200余个,完成拆旧复垦面积48万亩,复垦新增耕地面积45万亩,开展增减挂钩节余指标跨县调剂,调剂总规模达1.6万亩,总价款201亿元。

三、浙江省坚持新型城镇化和乡村振兴"双轮驱动",继续推进城乡融合

2023年浙江省委一号文件提出,以"千万工程"统领宜居宜业和美乡村建设,将提高县城承载能力与深化"千万工程"结合起来,坚持新型城镇化和乡村振兴"双轮驱动",在城乡融合发展中提升乡村建设水平,让农民就地过上现代文明生活。

(一) 加快城乡一体编制村庄布局规划

按照全域全覆盖的要求,缩减自然村、拆除空心村、改造城中村、搬迁高山村、保护文化村、培育中心村。建立健全"村庄布点规划+村庄规划+村庄设计+农房设计"联动机制,因村制宜精心编制保留村庄建设规划。

(二) 加快完善城乡基础设施和公共服务

浙江省统筹推进城乡交通、供水、供电、供气、物流、宽带服务、金融网点等建设。浙江省推动教育培训、劳动就业、医疗卫生、社会保障等服务向乡村延伸。

(三) 加快城乡生产要素双向流动

浙江省深入推进"两进两回",支持和引导科技进乡村、资金进乡村、青年回农村、乡村能人回农村,高素质农民培育计划、农民创业促进行动,培育更多农创客,积极引入市场机制,

赋予相关主体（农民、企业）生态资源利用和公共设施建设（或管护）的使用权与经营权，将乡村公共产品转化为市场产品，鼓励和引导工商资本到农村发展适合企业化经营的代种养业，促进乡村各类休闲产业、高效生态农业的发展和城乡生产要素互通。

浙江把"千万工程"作为城乡融合发展的"龙头工程"，建立以工促农、以城带乡的建设机制，着力缩小城乡差距。浙江省实施"千万工程"20年来，由环境变革带动生态变革、产业变革、社会变革，省内区域差距、城乡差距、收入差距不断缩小，农村面貌实现了从"脏乱差"到"强富美"的转变，90%以上的村庄建成新时代美丽乡村，城乡居民收入比达到比较良性的1.9∶1，在之江大地上实现了乡村重塑、城乡重构、城乡各美其美的伟大梦想。

实践证明，推广"千万工程"经验，重塑城乡关系，有利于破除妨碍城乡要素平等交换、双向流动的制度壁垒，推动城市基础设施向农村延伸、公共服务向农村覆盖、资源要素向农村流动，加快形成工农互促、城乡互补、协调发展、共同繁荣的新型工农城乡关系，推动农村基本具备现代生活条件。

第三节 发展乡村优势特色产业

2010年农业部发布《关于推进"一村一品"强村富民工程的意见》，提出以专业村镇为基础，整合各类资源要素，整村整乡推进优势资源开发，推行农业规模化、标准化、集约化生产，打造特色优势品牌，促进主导产业优化升级，壮大村级经济实力，带动农民增收致富。

十多年来，各地政府高度重视，多措并举推进"一村一品"

第四章 用好"千万工程"经验

工作。一是发展优势主导产业，推动产业优化升级；二是培育市场主体，提高农业组织化水平；三是强化科技支撑，增强持续发展动力；四是打造特色品牌，提升产品竞争力。"一村一品"强村富民工程取得丰硕成果，有效促进了农村主导产业培育，激发了区域经济发展活力；推进农业专业化、规模化、标准化生产，提高了农业整体素质和竞争力；培养新型农民，提高了农民自我发展能力；开发农业多种功能，拓宽了农民就业增收渠道。

2010年至今，"全国'一村一品'示范村镇"认定和监测工作坚持不懈，日益完善，至2021年已认定11批"全国'一村一品'示范村镇"。这些示范村镇主导产业优势特色鲜明、质量效益显著、联农带农紧密，产村、产镇融合发展趋势明显，有较强的辐射带动作用。在发展产业过程中，各村镇以不同方式将所辖区域内贫困户带入特色产业中，实现脱贫致富、共同富裕的目标。

经过十余年发展，"一村一品"已成为全国乡村特色产业发展的一个标志、一个抓手、一个品牌。"一村一品"示范村镇数量众多、作用持久，分布覆盖全国，成为乡村特色产业发展的重要推动力，也是展示我国乡村特色产业发展的窗口。农业特色产业蓬勃发展，发掘了一批乡土特色工艺，创响特色品牌10万余个。面对如此良好的发展态势，农业农村部在"全国'一村一品'示范村镇"认定的基础上，从2020年开始推介"十亿元镇亿元村"，即特色产业总产值超过10亿元的乡镇和特色产业总产值超过1亿元的行政村，进一步突出先进典型，示范带动全国乡村特色产业发展，引领现代农业发展方向，助力实现乡村振兴。

2021年农业农村部、国家发展和改革委员会、财政部、商务部、文化和旅游部、中国人民银行、中国银行保险监督管理委员会、国家林业和草原局、国家乡村振兴局、中华全国供销合作总社等部委联合发布《关于推动脱贫地区特色产业可持续发展的指导意见》，指出"发展产业是实现脱贫的根本之策，产业兴旺是乡村振兴的物质基础。实现巩固拓展脱贫攻坚成果同乡村振兴有效衔接，发展壮大特色产业至关重要。"并提出"到2025年，脱贫地区特色产业发展基础更加稳固，产业布局更加优化，产业体系更加完善，产销衔接更加顺畅，农民增收渠道持续拓宽，发展活力持续增强。壮大一批有地域特色的主导产业，建成一批绿色标准化生产基地，培育一批带动力强的农业企业集团，打造一批影响力大的特色品牌"的目标。

乡村优势特色产业是乡村产业的重要组成部分。浙江省根据本省地理特点，始终坚持绿色发展、生态共富的创新理念，正确处理产业发展与环境保护的关系，践行"产业生态化、生态产业化、发展绿色化"的生态发展理念。在浙江省，很多村庄通过生态修复、生态旅游、生态农业、绿色金融等多元生态工程，不断创收，让乡村颜值更美，农民口袋更鼓，切实增强群众的获得感和幸福感。

"千万工程"从一开始就注重打造千村千面、万村万象，根据不同村的具体情况，分类确定建设模式和一村一策。在带动乡村产业兴旺的过程中，立足山区、平原、丘陵、海岛等不同地形地貌，并结合地方发展水平、财政能力等，支持各地发展不同的乡村特色产业、培育乡村新业态，推动浙江省乡村产业发展取得历史性蝶变。

一、浙江省构建现代乡村产业体系的主要做法

（一）做实现代种植业

稳步扩大粮油种植面积。积极发展蔬菜生产，加快改造蔬菜基地设施条件，划定建设一批保障性蔬菜基地。大力开发高山蔬

菜、精品水果、特色干果、珍稀菌菇、道地药材、特色花卉等优势产品，积极发展林下经济，做优木本油料、竹木产业等。

（二）做强现代养殖业

加大现代规模猪场建设，加快提升优势产能。大力发展食草动物产业、家禽业、奶业、蜂业，推进浙江省渔场修复振兴。拓展深远海设施养殖，推进舟山国家远洋渔业基地和境外基地建设。拓展农产品加工业。大力推进农产品产地初加工、精深加工和副产品综合利用。统筹建设畜禽屠宰场，提高集中屠宰产能。培育发展海洋生物产业。

（三）振兴乡土特色产业

深挖农村非物质文化遗产资源，培育传统产品制造、手工业等基地，壮大乡村文创产业。实施农家小吃振兴行动，加强传统技艺传承创新。

（四）优化乡村商贸流通业

统筹建设农产品产地、集散地、销地批发市场。培育中央厨房、直供直销、加工体验等新业态。推进乡镇商贸综合体、连锁超市和特色街区建设，积极建设邮政农村物流主渠道，着力破解农村物流"最初一公里""最后一公里"问题。

（五）做精乡村休闲旅游业

大力发展果蔬采摘、农事体验等休闲农业，做大农家乐和民宿经济，建设森林康养、生态旅游基地。强化传统非物质文化遗产工艺与产品创意开发，做好古镇古村古建筑修缮保护与开发利用。

（六）加快发展乡村信息产业

大力培育电子商务平台、电子商务专业村和电子商务服务企业，做大做强"网上农博"平台（"网上农博"是浙江省农业农村厅开发并主管运营的线上农产品展示展销平台），深入推进

"村播计划"("村播计划"是由浙江省商务厅和阿里巴巴集团共同发起,旨在促进浙江省农村电商发展,助力乡村产业振兴的"直播+电商"行动)。强化数字设施装备和应用系统集成开发,拓展乡村数字服务,培育发展乡村数字产业。加快发展综合服务业。鼓励开展农资供应、土地托管、代耕代种、统防统治、烘干收储等生产性服务。大力培育社会化服务组织,发展批发零售、卫生健康、养老托幼、环境卫生、餐饮家宴等农村生活性服务业。

(七)壮大农资农机产业

加强地方品种种质资源保护开发,做强一批育繁推一体化种业企业。积极发展兽药、饲料、肥料、生物农药等产业。推广应用先进适用机械装备。

(八)提升乡村资源环保产业

挖掘利用生物质能,发展光伏发电。依法合理开采石料、泥沙等资源,生产绿色建筑材料。支持资源回收和发展循环经济。

二、浙江省在强化产业支撑方面采取的主要措施

(一)打造集群发展平台

通过整合各类园区建设,完善基础设施与公共服务平台、提升资源集聚、要素投入、科技创新、主体孵化、产业融合功能,深化省级现代农业园区、农村产业融合发展示范园建设。大力推进区域性平台建设、乡村休闲旅游平台建设。深入实施"诗画浙江·百县千碗"工程("诗画浙江·百县千碗"是浙江省为深入挖掘各地美食资源,传承美食文化而实行的民生工程),大力培育文旅美食园和特色美食店。

(二)促进农村创新创业

通过深入实施"两进两回"行动("两进两回"是指为推

动科技、资金、人才等资源要素流向农村,浙江省所实施的"科技进乡村、资金进乡村,青年回农村、乡贤回农村"行动)、乡村就业创业促进行动、青春助力乡村振兴专项行动,引导农民工、大中专毕业生、退役军人、科技人员等返乡入乡人员创新创业。加快建设一批融创新创业成果转化、科技指导、金融服务等多种功能于一体的农创园,推动孵化农业企业。强化支持农业龙头企业做大做强,实施家庭农场培育计划,不断推进农民合作社高质量发展。通过建立新型主体带头人名录,加强能工巧匠培养,建立起培训和联系帮扶制度。不断完善高校毕业生到乡村就业创业政策,培育新农人,打造省级引领性青年创业农场。

(三) 强化科技创新引领

重点围绕农业领域,实施一批"双尖双领"计划重大项目("双尖双领"是指为打好关键核心技术攻坚战,浙江省所实施的"尖峰、尖兵、领雁、领航"四大计划),开展关键技术攻关。通过实施科技特派员扎根计划,鼓励科技特派员带项目、资金、技术和成果服务乡村产业发展。同时,高度重视引导龙头企业与科研院校共建技术研发和成果转化平台,支持科技人员以科技成果入股企业。不断加强农村科技服务超市建设。

(四) 提升基础设施装备

加强农田基础设施和地力建设,深入推进高标准农田建设和粮食生产功能区扩面提标改造,强化永久基本农田和粮食生产功能区管护,严格落实耕地保护制度和用途管制。加快完善"菜篮子"产品供应链,支持农产品收储加工企业、大型商超、冷链物流设施装备。注重生产基地宜机化改造,合理配置大型机械设施,加快农业"机器换人"。大力推进新型基础设施建设,加快推动5G平台、物联网、智能控制、卫星定位等技术的应用。加强乡村旅游基础设施建设,改善卫生、交通、信息、邮政等产业发展配套条件,强化古树名木保护和森林古道、生态林道建设和管护。

三、浙江省培育的优势特色产业

(一) 胡柚全产业链

常山是浙江省西南的山区县,当地有10.6万亩(1亩≈667米^2,15亩=1公顷)胡柚林,农户长期赚的是初级农产品的薄利,有时"柚价不如矿泉水"。当地围绕市场化突围,与企业联手开发出一款以酸甜香、清口、保健等为特色的胡柚汁产品,市场反响热烈:一瓶300毫升的胡柚汁,可以卖到9元钱。当地趁热打铁发展深加工,开发出胡柚膏、胡柚酵素等70余种产品。有了品牌加持的常山胡柚供不应求,鲜果收购价增长70%以上,年产值超过35亿元,并入选2022年国家地理标志产品保护示范区名单。

(二) 杨梅产业

浙江省是杨梅的原产地,栽培历史悠久,品种技术领先,产业优势突出,面积、产量、产值稳居全国首位。杨梅产业是浙江省山区农民增收致富的支柱产业,为乡村振兴和共同富裕示范区建设作出积极的贡献。兰溪市是浙江省中西部最大的杨梅主产区,种植杨梅近7万亩,产量达4.2万吨,年产值超4亿元,形成独具特色的"五十里杨梅长廊"。兰溪全市拥有大棚杨梅面积约2 500亩,规模和技术水平全国领先,为山地杨梅园建设提供"兰溪样板"。兰溪杨梅先后荣获全国精品杨梅金奖、浙江省十大精品杨梅等荣誉,连续夺得两届浙江农业之最——杨梅擂台赛冠军,创造浙江省最甜杨梅纪录。

(三) 文创产业

近几年,文创产业正变得越来越火爆,"文创+"的赋能模式在乡村振兴中也一显身手。宁海县前童古镇明德书院充分挖掘本土历史文化街区资源，聚焦文旅融合、文创产业、古韵文明三大载体，立足"旅游+"，多措并举打造文创产业。设计并制作了多种极具地方特色的文创产品，受到游客的喜爱，年销售额可达15万元左右。同时，明德书院还开辟了线下体验区，让游客亲身体验扎染、香囊制作。书院将制作产品的视频放到网上，打通文创产品的线上展示和销售渠道，不但增加了销售额，而且进一步扩大了前童古镇的知名度。

（四）乡村旅游业

浙江省湖州市德清县莫干山镇，一直被视为国内最成功的乡村旅游综合体。但10年前，莫干山镇的旅游业还是以粗放的农家乐为主，政府年度财政收入不到4 000万元，当地人年均收入刚刚过万元，经济发展水平全县倒数。近些年来，莫干山镇依靠"生态立镇、旅游强镇"发展战略，依托莫干山的名山效应，大力发展精品民宿、户外运动、农业休闲、文化创意等产业，按照"原生态养生、国际化休闲"的理念，逐步培育形成了以"洋家乐"为代表的多元化度假产业融合发展格局，打造成为蜚声海内外的国际乡村旅游度假目的地。2020年，由国家发展改革委、文化和旅游部联合编辑的《全国乡村旅游发展典型案例汇编》出版，德清县莫干山镇乡村旅游发展经验入选其中。同时，莫干山镇先后被评为全国美丽宜居小镇、首批中国特色小镇、首批省级旅游风情小镇、中国国际乡村度假旅游目的地等，并被《纽约时报》评选为全球最值得去的45个地方之一。

（五）"平阳黄汤"茶叶

平阳黄汤以干茶显黄、汤色杏黄、叶底嫩黄"三黄"而著称，在浙江省众多的绿茶中独树一帜。在2023茶乡旅游发展大会上，平阳县申报的《子久平阳黄汤发展案例》入选全国"三茶"（"三茶"是指茶文化、茶产业、茶科技）统筹发展典型项目，系温州唯一入选项目，全国仅10个。截至2023年6月，平阳县通过做强做大"平阳黄汤"品牌，已拥有天润茶叶、子久文化、盈黄农业科技等100多家茶企业，涉及15个乡镇，惠及农户1 200余家。平阳黄汤茶叶主产区的5个村，种植面积达8 000多亩，从业人员2 000多人，综合产值超5 500万元。平阳县计划到2025年新建黄汤标准化茶厂5家，新增引进连续化、自动化生产线3条，新增SC认证茶厂10家，培育茶叶精深加工龙头企业1家，年产平阳黄汤300吨，年产值3.6亿元。

（六）森林康养产业

文成是典型的浙南山区县，生态资源得天独厚，历史文化底蕴深厚，全县森林覆盖率72.4%，空气质量优于国家一级标准，是中国长寿之乡、国家生态县、中国气候养生福地。2017年以来，文成县依托自然资源禀赋，大力发展森林康养产业，截至2022年8月，全县森林康养产业总投资15亿元，森林景观利用类总产值22.16亿元，其中森林康养与休闲类产值3.2亿元；创成省市森林康养基地各3个，其中3家被列入国家级森林康养试点建设单位。

四、浙江省培育高质量乡村产业体系的特色做法

（一）坚持特色化发展

通过实施特色农产品优势区建设规划，打造"一乡一业""一村一品"升级版，将村庄经营理念融入大花园"四条诗路"和美丽乡村风景带建设，开发乡土手工制作产业等措施，因地制宜发展乡村产业。

（二）坚持融合化发展

通过健全土地流转规模经营机制，推动生产、加工、流通、

服务各环节融合，依托"一村一品"发展产地加工和销售，打开"两山"转化通道，引导企业与农民合作社、家庭农场、村集体经济组织紧密合作等措施，大力促进产业渗透、重组、联动、跨界融合发展。

(三) 坚持绿色化发展

通过建立乡村产业负面清单制度，深化"肥药两制"（"肥药两制"是指为加快转变农业发展方式，确保粮食安全和农产品质量安全，促进生态文明建设和农业可持续发展，浙江省实施的"推行化肥、农药等农业投入品实名制购买、定额制施用"改革行动）改革，广泛推行清洁化生产，加大农业废弃物回收处理力度等措施，推进美丽田园建设，推动乡村产业绿色可持续发展。坚持品牌化发展。通过加强食用农产品合格证管理，建立品牌目录制度，大力培育区域公用品牌、企业品牌，

(四) 推进品牌建设

推进"品字标浙江农产"品牌建设（"品字标浙江农产"是浙江省"品字标"公共品牌在农业领域的子品牌，代表浙江省农业领域的好企业、好质量、好产品、好服务、好口碑），打响乡村手工、文创、餐饮、来料加工、家政服务等品牌，完善乡村产业标准体系，推进品牌建设。

(五) 坚持数字化发展

通过构建省市县乡村与主体数据联动机制，推进数字农业工厂、数字产业基地建设，统筹实施信息进村入户工程、电子商务进万村工程和"互联网+"农产品出村进城工程，开发应用产销一体化信息系统等措施，推进数字乡村建设。

"千万工程"以生态起步，但不止于生态。充分体现了绿色发展理念的深化，在促进人与自然和谐共生中，挖掘乡村的更多功能和价值，培育新产业新业态新模式，提升可持续内生动力，

实现了由美丽乡村向和美乡村的精彩蝶变，推动乡土重整、乡村重塑、城乡重构。

全面乡村振兴，产业兴旺是基础，近年来，各地发展乡村产业已经有了较好的基础，但主体不强、链条短，带动能力弱、同质化等问题仍然较为突出。全面推进乡村振兴要结合地方实际情况和乡村振兴基础，明确具有地方特色的乡村振兴阶段性目标任务，大力发展具有本土乡村优势的特色产业。

第四节　推动农业农村绿色低碳发展

党的十八大把生态文明建设纳入中国特色社会主义事业"五位一体"总体布局，上升到了前所未有的战略高度。党的十八届五中全会提出创新、协调、绿色、开放、共享的新发展理念，其中绿色是永续发展的必要条件和人民对美好生活追求的重要体现。

党的十九大把"坚持人与自然和谐共生"纳入新时代坚持和发展中国特色社会主义的基本方略，把"美丽中国"纳入社会主义现代化强国目标。

党的二十大报告要求，站在人与自然和谐共生的高度谋划发展，把推动经济社会发展绿色化、低碳化作为实现高质量发展的关键环节。

2022年10月25日，国家林业和草原局、农业农村部、自然资源部、国家乡村振兴局等四部门联合印发了《"十四五"乡村绿化美化行动方案》（以下简称《方案》）。《方案》提出，到2025年，全国平均村庄绿化覆盖率达到32%，乡村"四旁"植树15亿株以上，全面巩固提升国家森林乡村，绿化一批国有林区、国有林场居住点，建设一批具有地方特色的森林乡村、绿美乡村，乡村自然生态得到全面保护，乡村绿化水平明显提高，农

第四章 用好"千万工程"经验

村人居环境持续改善。

2023年1月19日,国务院新闻办公室发布了《新时代的中国绿色发展》白皮书。白皮书向国内外讲述新时代推动绿色发展的中国故事,全景式反映党的十八大以来我国推动经济社会绿色低碳发展遵循的理念、采取的重大举措和取得的历史性成就,展示我国坚定不移走绿色低碳高质量发展道路、建设人与自然和谐共生现代化的决心,体现我国推动构建人类命运共同体、共谋全球可持续发展的大国担当。

一、"千万工程"始终坚持生态优先、绿色发展理念

"千万工程"首先是一项"生态工程",既保护了"绿水青山",又带来了"金山银山",让乡村成为绿色生态富民家园。曾经乡村共富过多关注物质财富的增长,高耗能、高污染、低产出的产业模式在乡村产业中占有较大比例,"绿水青山"因过度开发而千疮百孔。"千万工程"正是摆脱了这种坐吃山空的发展理念,正确处理产业发展与环境保护的关系,坚持"产业生态化、生态产业化、发展绿色化"的生态发展理念。将村庄整治与绿色生态家园建设紧密结合起来,同步推进环境整治和生态建设。以整治环境"脏乱差"为先手棋,全力推进农业面源污染治理,开展"无废乡村"建设,实施生态修复,不断擦亮生态底色。

在浙江省,很多村庄通过生态修复、生态旅游、生态农业、绿色金融等多元生态工程,不断创收,让乡村颜值更美,农民口袋更鼓,切实增强群众的获得感和幸福感。

二、"千万工程"绿色低碳发展经验启示

(一)把保护与发展结合起来

"千万工程"的实践证明,生态保护和经济发展不再是非此

即彼的关系,保护好绿水青山,也能带来金山银山。实施好重要生态系统保护和修复重大工程,推进山水林田湖草沙一体化保护和系统治理,是全面打通"两山"理念转化的通道。全力打造特色产业集群,用品牌效应推动经济发展。发挥农业农村多功能性,培育出"美丽乡村+"农业、文化旅游等多种新产业新业态,让农民乐享生态红利。

(二)把生活与生产结合起来

推动形成绿色生产方式和生活方式,对于建设美丽乡村、美丽中国、实现可持续发展意义重大。要持续推进化肥农药减量增效,持续开展畜禽粪污资源化利用,支持发展种养有机结合的绿色循环农业。要推进农业废弃物资源化利用,分类推进农村生活污水处理设施建设,有效解决农业种植、畜禽养殖等农业面源污染问题。推动绿色发展,归根结底要调动广大农民的积极性,鼓励农民自觉践行绿色发展理念,把低碳融入生产生活,把增绿变成行为习惯。

(三)把美村与富村结合起来

乡村要发展,就要在实践中创新,在探索中蓄力,不断增强自我"造血"能力。这就要求我们打开思路,要在促进人与自然和谐共生中,把单纯的乡村建设变成开发利用乡村特色优势资源、发展特色产业的过程,提升可持续发展的内生动力。要结合乡村文化传统,深挖地方人文特色,探索不同区域"两山"转化路径和实现模式,打造一批乡村生态经济发展的样板,以"美丽乡村"点亮"美丽经济"。

有力有序有效推广"千万工程"经验,就要牢固树立和贯彻落实"两山"理念,统筹好乡村建设和经济发展的关系,做好"绿水青山就是金山银山"的转化,推动农业农村绿色低碳发展。

三、浙江省绿色低碳新产业新业态案例

（一）乡村旅游业——余村村：深挖生态价值 实现富山养山

随着"千万工程"的推进，曾靠开石矿、办水泥厂致富的余村村下决心停掉矿山、关掉水泥厂，系统推动复垦复绿、治理水库、改造村容村貌，持续推动乡村产业转型升级。"从靠山吃山到富山养山，村里逐步形成了户外拓展、休闲会务、农事体验的休闲旅游产业链，村民在家门口就能拿租金、挣薪金、分股金。"余村村党支部书记汪玉成告诉记者，余村村2022年集体经济收入突破1 100万元，经营性收入突破700万元，发放村民分红206万元。

（二）农村电商——遂昌县："农村电商模式2.0"打造山区县共富"金名片"

遂昌县从2003年起开始整合资源搭建服务于当地经济发展的电子商务公共平台，发挥山区自然环境优越、农产品丰富、创业激情浓厚的优势，利用电子商务弥补农民专业合作社和小微型企业市场信息闭塞、营销手段缺乏、物流不畅的短板，将电子商务作为当地经济转型升级的重要抓手大力推进。截至2022年5月，全县直接从事农村电商的人员超过11 000人，在电商主流网络平台上注册登记网店4 500余家。2020年，遂昌县成功获评国家电子商务进农村综合示范县，"遂昌农村电商模式"入选浙江省乡村振兴十大模式；2021年，农产品网络零售额同比增长10.75倍，农村常住居民人均可支配收入同比增长12.7%，均位列丽水市第一。据统计，通过网络直销，农产品价格普遍提高20%~30%，茶叶、番薯干、笋干、菊米、山茶油等农村主导产业提质增效明显，促农增收动力强劲。

(三) 乡村民宿业——石塘镇:老石屋变成"东海好望角"动力源

温岭市石塘镇依山傍海,被誉为"东海好望角"。自2014年以来,石塘镇通过石屋元素、石屋文化有机嫁接乡村民宿业态,对传统老旧的石屋进行修葺,在传统海港石屋建筑风格基础上特色规划,让斑驳的石屋与石塘镇的镇貌融为一体,成为集观海、阅读、品茶、休息、娱乐等于一体的特色民宿,充分满足游客的不同需求。通过引导石屋民宿发展,实现了石屋的保护和增值,资源盘活为乡村发展带来了源源不断的红利。截至2019年,石塘镇有500多间废弃石屋得以修复,引入民间资金4.5亿元。

(四) 上虞区乐游旅居生态"增富"观光带

东澄村、张村村、大善小坞村依托区域内农耕梯田、古村民俗、冰川石浪、樱花烂漫、荷塘风情等特色资源,因地制宜充分挖掘资源潜力,推动线上传统落后村落向高质量和美乡村的华丽蝶变。

东澄村:该村位于上虞区最南端的山区,是中国最美村镇、全国乡村旅游重点村、国家级生态环保村、国家级美丽宜居示范村、中国美丽休闲乡村、国家级传统村落,全省首批未来乡村。该村塑造了"浪里看花·石上东澄"品牌IP,推出"乐享'岭'距离""'岭'里互助"未来服务品牌,打造了覆卮山蓝莓、覆卮山红茶等18个特色农产品,形成一条涵盖15个节点的特色游线,高水平、跨场景、立体式打造"乡里人的美好家园、城里人的向往乐园"。2022年,该村累计接待游客110万人次,实现旅游收入3 500余万元,村民人均增收近3万元,村集体经营性收入达241万元、增长91.27%。

张村村:该村位于虞南重镇——章镇镇的东首,是上虞首批新农村、中心村之一,是当地有名的"四季仙果村"。该村立足村庄特质,成功打造了张村樱花谷、心池民宿、祥龙现代农业观光园等景点。

大善小坞村:该村位于上虞区上浦镇西北,是古代窑址的集聚地,全国重点文物保护单位凤凰山窑址群和"2014年全国十大考古新发现"之一的禁山窑址所在地,也是"瓷源文化小镇"建设的核心区。

(五)定海区"低碳宜居生态田园"

马岙村、新建村、金山村致力于打造生态环境优美宜人、人居环境美丽宜居的新时代美丽乡村标杆村。3个村均依托良好的生态环境基底,以农文旅融合发展,创新特色新农村产业模式,打造各具特色的田园综合体,创新了富民强村新路子。

马岙村:该村历史底蕴深厚,被誉为"千岛第一村""海上文物之乡"。近几年来,该村深挖"海上河姆渡"文化,发掘全村乡村风情,依托文旅发展公司合力打造"海上河姆渡"康养田园综合体,实现了村民增收致富,着力打造环境优美的定海区新时代乡村样板村。

新建村:定海区以新建村为试点,探索"净零碳"背景下的产业再融。通过九大路径系统推进全村在农业、三产融合发展等重点领域绿色低碳转型,成功打造精品乐游村。2019年新建村被写入《净零碳乡村规划指南——以中国长三角地区为例》的报告中。

金山村:该村位于白泉镇中西部,由金山村和金星村两村组成。金山村一直以来坚持弘扬优秀传统文化、发展乡村休闲旅游,发展农文旅融合新业态新模式,以"景观+文化"为主题特色打造历史文化古村落,打造"宜居、宜业、宜游"新农村。

生态环境是人类赖以生存和发展的基本条件，中国式现代化是人与自然和谐共生的现代化。新时代新征程上，必须树立和践行"绿水青山就是金山银山"的理念，持续推动绿色低碳发展，促进人与自然和谐共生，推进美丽中国建设。

第五节　加强农村精神文明建设

2017年习近平总书记就明确指出，"乡村振兴，既要塑形，也要铸魂"。乡村是农业生产的空间载体、是农民的生活家园、是农耕文化的发源地，千百年来，人们"生于斯，长于斯"，熟人社会特征明显，有着与城市不同的发展和建设规律。

党的二十大报告指出，中国式现代化是物质文明和精神文明相协调的现代化。加强农村精神文明建设是实施乡村振兴战略的内在要求，也是满足农民群众精神文化需求的重要途径。习近平总书记高度重视农村精神文明建设，强调"农村精神文明建设是滋润人心、德化人心、凝聚人心的工作，要绵绵用力，下足功夫"。

《中共中央　国务院关于实施乡村振兴战略的意见》指出："乡村振兴，乡风文明是保障。必须坚持物质文明和精神文明一起抓，提升农民精神风貌，培育文明乡风、良好家风、淳朴民风，不断提高乡村社会文明程度。"

浙江省"千万工程"在大力开展乡村建设、大力发展产业的同时，高度重视精神文明建设，坚持"两个文明"一起抓。浙江省"千万工程"的实践表明，在推进乡村全面振兴中，必须把农村精神文明建设与实现共同富裕、实现农业农村现代化紧密地联系在一起，既让农民"富口袋"，又让农民"富脑袋"，做到了"两个文明"协调发展。

一、实施"千万工程"所取得的精神文明建设经验

(一)既注重"塑形",也注重"铸魂"

物质富足、精神富有是社会主义现代化的根本要求。浙江纵深推进"千万工程",注重推动农村物质文明和精神文明协调发展,始终将改造农村人居环境与提升农民精神风貌、树立乡村文明新风有机结合,始终将文明村、文化村、民主法治村创建工作与乡村振兴紧密结合,有效实现了"两个文明"的内在统一。

(二)既注重"外因",也注重"内因"

在"千万工程"启动会上,习近平同志就强调指出,"坚持政府引导,农民自愿,充分发挥广大干部群众的积极性和创造性"。浙江推进农村精神文明建设,既坚持党的领导,充分调动一切有利因素,又坚持农民主体地位、坚守群众立场,广泛动员农民群众参与文化设施建设、文化活动开展、文明村镇创建、移风易俗改革。

(三)既注重"硬件",也注重"软件"

浙江既高度重视文化"硬件"建设,全域构建新时代文明实践中心、新时代文明实践所、农村文化礼堂三级阵地,高质量建成一批家风家训馆、村史馆、博物馆、农家书屋,又切实加强文化"软件"建设,完善村规民约,推动移风易俗,科学构建农村文化礼堂效能评价体系、星级管理机制。

(四)既注重"传统文化",也注重"时代精神"

浙江抢占先机,成为全国经济发展最好最快最富有活力的主要省份,其根本原因在于将底蕴深厚、富有创造力的传统文化与时代精神有机结合,将文化为魂的理念贯穿美丽乡村建设始终,注重传承和弘扬传统农耕文化和优秀民俗文化,注重推进社会主义先进文化建设。

（五）既注重"静态保护"，也注重"活态传承"

浙江高度重视历史文化保护传承，加强农业文化遗产保护、历史文化村落保护，对有代表性的古民居、古戏台、祠堂加大保护力度。在"静态保护"的同时，采取灵活多样的方式进行"活态传承"，大力建设传统文化研习基地、非遗文化传承基地，积极开展丰富多彩的文化活动，让精神文明深入人心。

二、以"千万工程"引领乡风文明建设

（一）温州瑞安市曹村镇——乡风文明示范带

温州瑞安市曹村镇是千年古镇，下辖14个行政村，户籍人口2.95万人，南宋200年间走出82位曹氏进士。瑞安全域推进特色品牌文明乡村建设，致力于打造村村有特色、镇镇有品牌的乡风文明"大磁场"。在许岙村，打好"学武先学德，无德非武人"武术精神牌；在曹东村，打好"花灯无骨，德为脊梁"花灯精神牌；在东岙村，打好"荷美东岙"和美传家牌；在宋岙村，打好"稻香宋岙"勤劳致富牌……曹村镇借助文化内涵、文明成果，以天井垟为核心，打造环天井垟文明示范环线，并在各节点建设风格不一的五星级文化礼堂，总结特色不同的文明建设经验，形成一条可参观可示范的文明示范带。

以文明示范带为基底，曹村镇还致力于激发乡村产业活力，打造进士小曹文化IP，集成中华进士文化产业园、曹村研学基地等文产平台等，打造文化产业新增长极。

（二）鹿城区山福镇——《村规民约》助力村民自治

鹿城区山福镇是个侨乡，以往老人过世，晚辈们通常会觉得常年在外没能很好地陪伴家人，即便不宽裕也要"热闹"些。于是乎，哀乐昼夜不停，鞭炮时时扰民，流水席大吃大喝，花圈堆满房前屋后……一场丧事下来，少则花费几十万元，多则上百

万元。自移风易俗改革开始后，山福镇将移风易俗写入《村规民约》，其中从简办丧事，包括花圈不超过10个、吹打（号）班乐队总人数不得超过20人、酒席标准每桌不得超过1 000元等。

现在更让人欣慰的是，村民也在习惯"新规"中体会到，对待长辈重在"厚养"。

(三) 瑞安市马屿镇协山村——小积分、大作用

瑞安市马屿镇协山村是浙江省森林村庄，推出了"积分超市"举措。当地村民参与志愿服务、保持庭院整洁、进行微菜园打理等文明行为均可获得积分，凭积分可在"积分超市"（肥皂6积分、蚊香10积分、牙膏13积分、热水壶35积分……）进行兑换。"房前屋后打扫干净，不仅自己住得舒服，还能获得奖励积分兑换生活用品，很实用。"协山村村民说，这让更多人看到了文明好习惯的价值，从而主动参与省级文明村创建。

(四) 平阳县鸣山村——从移风易俗到家风家训

千年古村鸣山村是全国文明村，因为"非遗+文旅"而焕发生机，通过引驻、建设、改造、提升鸣山陶院，"鸣竹"学堂，家风家训馆，"小隐庐"婚庆基地等一批有文明特色的场馆；打造良好的村庄治理环境、生态环境、人文环境与塘河水乡风貌。

非遗夜市，是鸣山村文旅融合的一大创新之举。每逢周五，村内沿河及主街会设置近百个摊位，平阳蛋画、木偶戏、太平细剪纸、糖画制作等各种非遗项目云集，更有钱仓"黄隆泰"老字号糕点等一批名小吃。充满烟火气的"非遗夜市"，吸引了越来越多的游客到来。外塑于形，内塑于魂，从夜景"亮化"到经济"活化"，从移风易俗到家风家训，一幅非遗点睛、学礼明德的乡村文明新画卷已然绘成。

(五) 平阳县万全镇冯宅村——弘扬孝心家风促文明

平阳县万全镇冯宅村以弟子规学校、大榕树讲坛为阵地，通

过"扬孝风、讲孝德、树孝贤、做孝事、定孝制"5项措施,使学孝、行孝蔚然成风,成了远近闻名的"孝心村""全国文明村"。

全面建设社会主义现代化国家,最艰巨最繁重的任务仍然在农村,具体表现之一就是城乡精神文明建设不平衡、不充分问题。据国家统计局年度数据统计显示,截至2020年我国乡镇文化站有32 825个,组织文艺活动次数为613 019次,各乡镇文化站文艺活动平均次数为18.69次;地级市群众文化机构有359个,组织文艺活动次数为21 318次,地市级群众文化机构文艺活动平均次数为59.38次,是乡镇文化活动次数的3倍多。因此,新征程上,我们要进一步健全完善农村精神文明建设体制机制,补齐农村精神文明建设短板,推动城乡精神文明建设融合发展,扎实推动共同富裕。

第六节　提升乡村治理效能

党的十八大以来,习近平总书记提出了一系列社会治理的新理念、新思想、新战略,特别是对坚持发展"枫桥经验"作出重要指示,要求把"枫桥经验"坚持好、发展好,把党的群众路线坚持好、贯彻好。在总结浙江省的经验的基础上,2017年6月,印发了《中共中央　国务院关于加强和完善城乡社区治理的意见》,首次提出:"要充分发挥自治章程、村规民约、居民公约在城乡社区治理中的积极作用,弘扬公序良俗,促进法治、德治、自治有机融合。"2017年10月,"健全自治、法治、德治相结合的乡村治理体系"被写入党的十九大报告,成为实施乡村振兴战略的重要保障。

2019年6月,中共中央办公厅、国务院办公厅印发《关于加强和改进乡村治理的指导意见》，提出：到2020年，现代乡村治理的制度框架和政策体系基本形成，农村基层党组织更好发挥战斗堡垒作用，以党组织为领导的农村基层组织建设明显加强，村民自治实践进一步深化，村级议事协商制度进一步健全，乡村治理体系进一步完善；到2035年，乡村公共服务、公共管理、公共安全保障水平显著提高，党组织领导的自治、法治、德治相结合的乡村治理体系更加完善，乡村社会治理有效、充满活力、和谐有序，乡村治理体系和治理能力基本实现现代化。

2021年4月，《中共中央、国务院关于加强基层治理体系和治理能力现代化建设的意见》就加强基层治理体系和治理能力现代化建设提出进一步意见。

党的二十大报告进一步提出："完善社会治理体系，健全共建、共治、共享的社会治理制度，提升社会治理效能、畅通和规范群众诉求表达、利益协调、权益保障通道，建设人人有责、人人尽责、人人享有的社会治理共同体。"这为进一步在基层治理体系中深入推进"三治结合"提供了重要遵循。

2024年中央一号文件提出，提升乡村治理水平，推进抓党建促乡村振兴，坚持大抓基层鲜明导向，强化县级党委抓乡促村责任，健全县乡村三级联动争创先进、整顿后进机制。繁荣发展乡村文化，推动农耕文明和现代文明要素有机结合，书写中华民族现代文明的乡村篇。持续推进农村移风易俗，坚持疏堵结合、标本兼治，创新移风易俗抓手载体，发挥村民自治作用，强化村规民约激励约束功能，持续推进高额彩礼、大操大办、散埋乱葬等突出问题综合治理。建设平安乡村，坚持和发展新时代"枫桥经验"，完善矛盾纠纷源头预防、排查预警、多元化解机制。

一、浙江省"千万工程"通过"四治融合"建立现代乡村治理体系

"千万工程"实施以来,浙江坚持加强农村基层组织建设,大力构建党建统领的自治、法治、德治、智治"四治融合"的现代乡村治理体系。

一是深化自治。推广"村民说事"和民主恳谈、"五议两公开"("五议两公开"是指村"两委"负责人建议、村党支部会提议、村"两委"会商议、党员大会审议、村民代表会议决议,以及决议公开、实施结果公开)村民票决制等民主自治形式,推进村民自治规范化、制度化。深入实施村级事务阳光工程,村级党务、村务、财务公开率达到100%。创新发展"后陈经验",实现村务监督委员会全省覆盖,推行村务监督目录、积分管理等办法。

二是强化法治。弘扬法治文化,深化普法工作,推广"法治驿站""法律诊所"等做法,实现"一村一法律顾问""一村一辅警"。开展民主法治示范村创建活动,截至2023年,县级以上民主法治村占比达到90%以上。矛盾纠纷90%以上化解在县以下,每年化解矛盾纠纷50余万件。

三是注重德治。推进新时代乡村诚信体系改革,健全村(社区)道德评议机制,探索推进"信用+乡村治理",营造重信守信的社会环境。开展乡风文明培育行动,深化文明村镇创建,全国、省级文明村镇分别达270个、1 352个。全域构建县(市、区)、乡(镇、街道)、村(社区)三级文明实践体系,新时代文明实践中心全覆盖,建成实践所、站、点5万余个,覆盖率80%。

四是推进智治。聚焦基层治理核心业务、重大需求,推动省

级重大应用和基层特色场景应用通过基层智治综合应用集成贯通、赋能跃升,形成适用管用、实战实效的智治能力。围绕实现乡村精准智治,推广党建统领、民主自治、法治固本、德治引领、积分赋能、网格智治、村务监督、乡村能力参治、物联感知、便民服务十大乡村智治模式。

二、浙江省"千万工程"在乡村治理方面的主要做法

(一)突出党建引领在乡村治理方面作用

一是加强党的全面领导。完善落实"一肩挑"主职干部+副书记/副主任+若干村"两委"成员的村级领导新体制,建立健全村级组织工作规则、村级组织阳光治理工程意见、村社党组织书记县级党委备案管理规定、不合格村社干部处置规定、"一肩挑"村干部监督管理办法、村干部基本报酬管理规定的"1+1+4"政策体系。高质量抓好村社干部的配备,实现70.6%的村有1名以上全日制大学生。实施新时代"领雁工程",落实村党组织对乡村治理集中统一领导。

二是建强基层战斗堡垒。高标准落实"浙江农村基层党建经验二十条",深入实施组织力提升工程、"百县争创、千乡晋位、万村过硬"工程,推动100多个县(市、区)及开发区集聚区、1 300多个乡镇(街道)、2万多个村社争先创优、全面创强,不断把党的组织优势转化为治理效能。

三是筑强最小治理单元。深入推进县级社会治理中心、乡镇(街道)"基层治理四平台"*、村社网络框架下党建统领网格智治,打通乡村治理"神经末梢"。全省网格数调整优化为8.5万

---

* "基层治理四平台"是指综治工作、市场监督、综合执法、便民服务四个功能性平台。

个,细化微网格45万多个,形成"村(社区)-网格-微网格(楼道、楼栋)"三级治理架构,按照1名网格长、3名网格指导员、N名网格包联服务人员的"1+3+N"模式配备网格力量84.5万人。

(二)提升群众自治能力

浙江省着力探索村民自治的有效实现形式,坚持民主集中制,积极完善和健全村民自治制度,以自治为基础凝聚"共治合力",提高村民"自我管理、自我服务、自我教育、自我监督"能力。

一是打造"村民说事"品牌。象山县坚持自治为基,持续擦亮象山"村民说事"金字招牌,紧贴"说、议、办、评"四环节,梳理形成农村基层治理标准51项重点标准清单8项。拓展新村民、新农人、老兵、渔嫂等20多种说事模式,设立"乡里乡亲"共治驿站,组建"乡亲里老"调解团,集成村级社会组织、调解队伍、网格等力量,构建乡村末梢治理体系。

二是创新"街乡共治"模式。云和县建设"街乡共管"机制,建立城市与农村、街道与乡镇协同治理机制,加强下山转移农民服务与管理。整合"街乡共助"力量,服务农村留守人员,聚焦农村留守人群尤其是老年人的关心关爱服务,保障山区留守农民生产生活。坚持"街乡共享"导向,聚焦农民进城后权益保障问题,探索"同城同待遇"系列措施。铺设"街乡共调"网络,聚焦基层矛盾纠纷,统筹街乡调解力量,为群众集中提供咨询、调解、执行全流程"一站式"服务。

三是探索"助共体"模式。三门县积极探索"助共体"改革,建立县联合帮扶中心、乡镇联合帮扶综合窗口、村爱心帮扶驿站,初步形成"县—乡—村"三级救助帮扶平台,让有需求的群众只跑一地,就可以接受救助帮扶服务。组织、民政、教育、农业农村等13个部门及多家社会组织入驻中心,集成办理最低生活保障救助、特困供养救助、医疗救助等各类救助服务,变"群众来回跑"为"部门协同办"。

(三)加强基层依法治理

"千万工程"实施以来,浙江将民主法治示范村创建作为基层依法治理工作载体、法治浙江基础工作,不断总结经验,创新创建内容,完善创建标准,自觉将民主法治示范村创建的过程变成服务中心工作、推进农村经济社会发展的过程,并将其与"文明村"等创建结合起来,逐步实现基层政治、经济、文化事业、社会事务管理的法治化与社会的全面进步。截至2023年4月,浙江全省累计建成省级以上民主法治村1 643个,17 784个村实行"一村一辅警"制度,18 886个村建立法律顾问、法律服务工作室,行政村党务、村务、财务"三务"公开率99.8%。同时,浙江始终遵循"大平安"理念,"抓前端、治未病"。从2004年乔司街道成立全国首个乡镇综治中心到2016年湖州建成全国首家县级矛盾纠纷多元化解中心,再到现如今的县级社会治理中心,已实现全覆盖,并涵盖综治工作、监管执法、应急管理、公共服务"四个平台"。

三、浙江省"千万工程"在乡村治理方面具有代表性的典型案例

(一)"枫桥经验"的乡村基层治理经验

"枫桥经验"最早是指20世纪60年代初,浙江省诸暨市枫桥镇干部群众创造的"发动和依靠群众,坚持矛盾不上交,就地解决,实现捕人少、治安好"的基层治理经验。

一是坚持"为人民服务"的价值立场。"为人民服务"是"枫桥经验"诞生至今创新发展的基本点。从社会主义建设时期

的"以理服人，少捕人，矛盾不上交"，到改革开放时期的探索综合社会治理，再到新时代的"服务不缺位"，深刻彰显了"枫桥经验"尊重人、重视人、将人民群众的利益放在首位的价值立场。这种价值立场以民意为导向开展工作。新时代"枫桥经验"坚持以"警务围绕民意转，民警围绕百姓转"为理念，把"群众高兴不高兴、答应不答应、满意不满意"作为党政工作评估标准。紧盯群众最关心、最直接、最现实的问题，提升服务企业、服务群众、服务基层的能力，增加群众满意度、幸福感。

二是坚持"走群众路线"的根本方法。首先是坚持群防群治。当基层矛盾纠纷化解任务与行政人员数量不相匹配时，"警力有限，民力无穷"，枫桥镇政府动员群众构建群防群治网络。比如，组织群众成立巡逻队等，使得干群在基层矛盾纠纷中群策群力，提升社会治理效能。其次是培育社会组织。社会组织在应急管理、矛盾风险预防化解、公益帮扶、法治宣传等方面具有重要作用。为此，枫桥镇政府积极孵化、培育、帮助社会组织向社会化与专业化发展。目前，枫桥地区已成立乡村能人参事议事类、平安巡防类、乡风文明类、志愿服务类、邻里纠纷调解类五大类社会组织。其中"枫桥大妈""老杨调解室""红枫义警""蓝海救援"等已成为枫桥特色的社会组织品牌，与基层政府形成协同治理网络。

（二）浙江省象山县"村民说事"制度

象山县坚持农民主体、多元共治，不断丰富"有事好商量、众人的事情由众人商量"的制度化实践，迭代升级"村民说事"制度线上线下融会贯通，拓宽农民群众参与乡村治理的渠道，推动民主协商、民主决策、民主管理、民主监督走向纵深。

一是创设"四个平台"功能定位。通过民意汇集平台、民主协商平台、决策推进平台和矛盾化解平台，广泛汇集民情民意,把"协商于民、协商为民"具体化、规范化、制度化,提高决策水平、深化村民自治,做到矛盾纠纷"排查、化解、办结、回访"与"说、议、办、评"深度融合。

二是实行"四大环节"闭环运行。通过有事敞开说、遇事多商量、有事马上办、好坏大家评等四个环节,拓宽说的渠道,建立议的直通车,推进"最多跑一次"改革向农村延伸,加快基层便民服务点建设,做到村民专项评、村民代表综合评、乡(镇、街道)绩效评。

三是构建"四治融合"制度体系。坚持"自治为本、法治为纲、德治为基、智治为先"的原则,制定《村民说事操作规程》,形成《农村小微权力清单》和运行流程,强化村规民约刚性约束,引导社会主义核心价值观融入村民生产生活,创新线上"象山村民说事应用平台",在规范、便民、高效的基础上,更加突出村民主体地位、尊重村民意愿、保障村民权益。

四是保持"四大焦点"长效机制。以为民服务为根本出发点,以制度集成为核心关键点,以数字改革为动力增长点,以共同富裕为最终落脚点,真正做到了知民意、解民忧、得民心。2022年,全县民生诉求办理群众满意率提高至97.8%,农村信访量下降32.2%。如茅洋乡银洋村通过议事协商,村集体出资120万元,106户村民众筹423万元共建乡村欢乐世界项目,2020年10月运营以来盈利253万元,户均分红2.2万元,村集体经济增收25万元。

(三)浙江省桐乡市"三治融合"模式

2013年,桐乡市在全国率先开展了自治、法治、德治融合的基层社会治理探索实践。经过多年实践,三治融合"桐乡经验"已成为浙江省基层社会治理的重要品牌。

第一,抓好体系机制建设是关键。在"三治融合"的推进过程中，桐乡市始终坚持党的领导，注重发挥好党支部的战斗堡垒作用和村（社区）书记的"领头雁"作用，构建了"网格+支部+党员先锋站"的模式，并不断完善制度体系，在三治领域累计发布40余个文件，确保了各项工作的常态、长效推进。

第二，激发基层自治活力是核心。推动社会治理重心下移、找准自治发力点，是以"三治融合"撬动基层社会治理的核心。"一约两会三团"（"一约两会三团"是指村规民约、百姓议事会、乡村能人参事会、百事服务团、法律服务团、道德评判团）、三小组长（三小组长是指党小组长、村民组长、妇女组长）、网格长等"微治理"方式，打通了群众参与公共事务的渠道，唤醒自治意识，由点及面，逐渐提高群众对公利的关注和热情。

第三，形成文化氛围是长远目标。"三治"不会立竿见影、一治就灵，需要久久为功、不断积累。从一开始助力维稳需要，发展到目前涉及基层社会治理的各个领域，最终要把外化于行的机制内植于心、内化为人的自觉，融入"我爱自桐乡"的人文风气当中，形成具有桐乡特色和辨识度的文化内核。

（四）浙江省宁海县"小微权力清单36条"

2014年，宁海县主动求变、积极探索，按照习近平总书记"把权力关进制度笼子"和筑牢基层反腐倡廉防线等要求，在全国首创推行村级"小微权力清单36条"，探索标本兼治微腐败。

一是厘清边界，梳理村级小微权力清单。根据县委的统一部署，县纪委牵头各有关部门，通过组织上百次会议、访谈上千名群众，广泛听取干部群众意见建议，完成比对5 890多项政府部门涉农行政权力，梳理出台《宁海县村级权力清单三十六条》（简称"36条"）。

二是明晰权限，规范村级小微权力运行。围绕"36条"事项编制权力行使流程图 45 张，明确村级权力事项名称、具体实施责任主体、权力事项来源依据、权力运行操作流程、运行过程公开公示、违反规定责任追究等 6 方面内容。为凸显精简务实原则，除工程招投标等重大事项外，其余村级事务办理流程都控制在 5 个环节左右。

三是顶层设计，构建责任传导工作机制。建立以县委书记为组长的领导小组，副书记、纪委书记、组织部部长等任副组长，将"36 条"任务分解到县委县政府相关领导。制订县委"36 条"目标管理考核办法，不定期开展联合或专项督查，全面启动农村巡查全覆盖，压实各级党组织执行"36 条"工作的主体责任。

四是宣传教育，营造入脑入心舆论氛围。组织基层党员干部 10 余万人次参加"36 条"集中学习会、招投标现场会及项目变更听证会等活动。向农户发放口袋读本、漫画图册和监督案例 20 余万册，《新闻联播》《求是》《人民日报》等大篇幅宣传报道 90 余篇次。

五是奖惩并举，健全三级联动监督体系。在党政监督层面，制定出台村干部违反规定 56 项具体行为和责任追究标准，配套实施村干部固定报酬、养老保险和绩效考核奖等经济和组织奖惩手段。在村务监督层面，制作《村务监督明白卡》《村务监督对账单》等，组织全县村务监督论坛。在村（社区）群众监督层面，建设宁海"阳光村务网"和数字电视公开平台，让群众可方便查询到村级事务办理情况。

六是改革升级，系统配套执行保障制度。研究制定《保障村级组织正常工作秩序的实施意见》《宁海县不称职村社干部"停职教育"暂行办法》《宁海县村民代表退出实施细则（试行）》等 30 余项配套制度，为"36 条"实施提供制度保障。

(五)浙江省武义县拓展新时代"后陈经验"——"监社联动"民主议事协商模式

武义县不断深化新时代"后陈经验",拓展村务监督委员会的服务范围和工作方式,全力打造"监社联动"民主议事协商模式,以村务监督委员会为议事协商牵头主体,社会组织、社会工作者等提供专业服务,形成专业化、规范化的"村务监督委员会+社会工作人才"民主议事协商机制,撬动了村民自觉参与村级事务的意识,提高了"一肩挑"背景下村务监督的有效性,巩固提升了乡村治理的效能。

一是明确村务监督委员会牵头作用。村务监督委员会作为"监社联动"议事协商的主体,明确要求担负起事项收集、协商运行、向村"两委"传递民主协商建议、协商成果应用反馈等职能,承担议事协商的规范性、合法性监督,督促议事会依照"民提—民议—民识—民评"全流程规章制度开展协商,全面提升议事会协商的能力和水平。

二是打造"三个三"工作法。构建"监社联动"议事协商"三个三"工作运行机制。会前做到"三确":确定会议时间、人员、事项。会中做到"三要":要仔细询问村民需求及社会组织可能提供的服务,要以零距离协商、面对面沟通并实打实回应,要确保村民知情权、监督权、参与权。会后做到"三必":线上线下提出的问题实现"有问必理";对不能当场协商的事项,承诺在规定时间内由村"两委"解决并反馈,实现"有诺必践";制定《"监社联动"议事协商规则》,以民情记录单、民情督办单和民情建议单方式形成"1+3"闭环流转机制,做到"有规必依"。

三是推行"三事分流"议事机制。根据事项涉及的层面、重要性,确立小事、大事和重大事"三事分流"机制。如邻里纠纷、村民个人利益处置等小范围事项，由"邻舍家"议事会协商解决；由议事协商形成的意见涉及全体村民利益的大范围事项，由"邻舍家"议事会提交村"两委"决策；重大村务在决策前需广泛征求村民的意见。

（六）浙江省鄞州区基层公权力"三清单"运行法

2018年以来，鄞州区逐步面向全区推行实施城乡基层公权力"三清单"运行法，强化基层权力运行的规范化，严格监管手段，严肃纪律保障，推动乡村治理体系和治理能力现代化。

一是权力清单。在充分考虑建制村、社区和股份经济合作社三者之间不同特点的前提下，结合区情实际，对三者进行量身打造，对相关权力事项内容做增减和表述调整，分成经营管理类和日常事务类两大块，在职责各有侧重的前提下保持结构一致，各31条，共93条。

二是责任清单。对区农业农村局、区自然资源和规划分局等相关职能部门、镇（街道）、村（社区）、股份经济合作社及其党员干部在"三清单"运行法执行、管理、监督等方面的具体职责进行细致的条目式整理、明确了区级部门行业职责、镇（街道）属地职责、村（社区）主体职责、工作人员岗位职责。其中涉及建制村20条、社区15条、股份经济合作社14条。通过明确责任分工，明晰职责边界，加快基层公权力规范落实。

三是负面清单。把群众关注的涉及"人财物"且腐败易发多发的权力事项列入负面清单，同时配套梳理绘制防范廉政风险的具体举措，其中建制村7条、社区9条、股份经济合作社12条。

四是权力运行图。按照"最多跑一次"改革等有关要求。在全面梳理、调整优化建制村、社区、股份经济合作社权力事项的基础上，逐一明确运行依据、范围界定、办理主体、办理方式、时限要求、纪律规定等，做到工作人员看图办事、群众照单监督。

乡村治理是国家治理的基石，没有乡村的有效治理，就没有乡村的全面振兴。近年来，我国在推进乡村治理方面成效显著，乡村治理内容逐步充实，乡村治理手段不断创新，乡村治理体系进一步完善，农村基本公共服务显著改善，农村社会保持和谐稳定，广大农民的获得感、幸福感、安全感不断增强。但必须看到，我国乡村治理现代化水平还不高，治理理念、治理方式、治理手段还存在许多不适应的地方，乡村治理需要破解的难题还不少，还需要进一步提升乡村治理现代化水平，推动乡村治理形成共建共治共享的局面。

第五章 "千万工程"的浙江实践

第一节 浙江省安吉县天荒坪镇余村
——幸福就在绿水青山间

2023年6月8日 来源：人民日报

青山环抱，绿水逶迤，走进浙江省安吉县天荒坪镇余村，村口石碑上的"绿水青山就是金山银山"十个大字赫然醒目。

"生态好了，金山银山就来了。"余村村支书汪玉成说，"今年3月20日，村里到账5 800万元，这是6 000亩竹林30年的碳汇收益。"

从"卖石头"到挣碳汇，小村庄因何发生美丽蜕变？

余村老村支书鲍新民回忆，二十世纪八九十年代，村里的"石头经济"风生水起，村民腰包鼓了，但是山变成"秃头光"，水成了"酱油汤"。2003—2005年，借着"千村示范、万村整治"工程的东风，村里停掉了矿山，关掉了水泥厂。下一步怎么发展？

2005年8月15日，时任浙江省委书记的习近平来到余村，首次提出"绿水青山就是金山银山"的科学论断，为举棋不定的小村庄"一锤定音"。

观念一变天地宽。生态建设与"千万工程"更紧密地结合起来，美丽乡村建设成为"千万工程"重要目标。鲍新民介绍，村干部带着村民复垦复绿、封山治水，实施村庄绿化、庭院美化、垃圾分类，持续改造优化人居环境，昔日矿坑变身油菜花田、荷花藕塘，一年四季皆风景。

山绿了，水清了，新产业来了。临近中午，余村春林山庄主人潘春林忙着招呼客人。"2002年我创建了村里第一家农家乐，现在看这一步算走对了。"潘春林说，他曾是村里矿山上的一名拖拉机手，这些年从发展农家乐到接待研学旅游、经营特色农产品，致富路越走越宽。现在，潘春林又多了一个新身份——天荒坪镇农家乐协会会长，"我们要跟上市场，统一管理标准、品牌化运营，带动周边乡村共同发展。"

幸福就在绿水青山间。

从"卖石头"到"卖风景"，绿水青山成了余村人的增收来源。走进"两山文创阁"主题民宿，一个个奇石盆景、一幅幅石头画引人注目，民宿主人葛军感慨："'千万工程'给村里带来了巨变，现在'人在余村走，就像画中游'。"5年前，他将自家房子改造成民宿，父亲搞起了石头画创作，去年营业收入近200万元。

"乡亲们生活'芝麻开花节节高'，打心眼里觉得绿水青山是个宝！"潘春林说。如今，生态文明的内容写进了《余村村训》，"保青山、护绿水、节能源、分垃圾"，成了村里人的自觉行动。

好生态成为金名片。余村被联合国世界旅游组织评为"最佳旅游乡村"，去年累计接待游客70万人次，村集体经济收入达1 305万元，村民人均收入达6.4万元，走出了一条生态美、产业兴、百姓富的新路。

新时代新征程，深入推进"千万工程"，余村变得更现代、更年轻。

90后张航带着团队"扎"到余村设立工作室，主攻乡村短视频创作。张航说，"背靠青山、面朝田野，在这样的环境中工作，心情更愉悦了。"

"乡村振兴关键靠人，尤其是有想法有活力的年轻人。"安吉县委常委、天荒坪镇党委书记贺苗介绍，余村启动全球合伙人招募活动，目前已有42个项目入驻，吸引国内外青年人才1 145人。平均年龄不到30岁的陈喆团队，创立美在余村国漫茶咖零售空间，打造新的文化打卡地。"我们希望为乡村发展注入新动力。"陈喆说。

余村正由小变大。安吉县集中打造天荒坪镇、山川乡、上墅乡的余村大景区。天荒坪镇银坑村的影视文化民宿村，余村的数字生态渔仓项目，上墅乡的露营基地……产业迭代升级，新业态不断涌现，为建设"高能级、现代化、国际范"的"大余村"注入强劲动力。

昔日关停的化工厂原址上，一幢名为"余村印象"的新建筑拔地而起。工作人员介绍，这座建筑依靠光伏发电系统进行碳中和，实现了全生命周期零碳排放。

"'余村印象'的外形像一把金钥匙，寓意为用'绿水青山就是金山银山'理念这把金钥匙，不断解开新难题。我们会沿着绿色发展这条路坚定向前，建设宜居宜业的和美余村。"谈到未来，汪玉成充满信心。

（记者：顾仲阳、刘军国）

第二节 浙江省安吉县灵峰街道横山坞村
——"美丽经济"带富乡亲

2023年6月29日 来源：人民日报

浙江省安吉县灵峰街道横山坞村，竹海绵延，微风习习，夏日里的这份清凉格外怡人。

走进民宿"阿忠的家",绿意满目,花香满园,装点得精致温馨。望着草坪上休憩的客人,95后民宿主人蓝晴霞感慨:"我家曾是村里最偏僻的一户,你瞧,现在倒成最热闹的了,节假日经常一房难求。"

从当年的"烂泥村",到国家级美丽宜居示范村、全国乡村旅游重点村,横山坞村村民纷纷感慨家乡的美丽嬗变。

"'千万工程'带来的最大变化,就是凝聚了人心。人心齐了,劲头足了,共同富裕的道路越走越宽。"横山坞村党总支书记蔡明福说。

回忆过往,蔡明福娓娓道来:"过去村里都是黄土路,遇上下雨天,黄土变泥巴,回村都得扛着自行车走。交通不便,产业单一,1998年我刚进村两委时,村集体一年收入不到9万元。"

2003年,借"千万工程"东风,横山坞村开启村庄整治建设大行动,硬化道路、拆违建、治污水,改善乡村环境。村民尝到甜头,从"要我干"变为"我要干",热情高涨。

"千万工程"持续升级,横山坞村建设不断提速。2008年,村里打造省级"美丽乡村特色精品村",40天建成村幼儿园;2015年,创建"美丽乡村精品示范村",仅8个月就完成各项任务……一幅生态宜居的美丽乡村画卷徐徐铺展。

环境美了,村民怎么富起来?

"我们地处竹乡,是发展竹加工还是旅游业,当时摇摆不定。"蔡明福坦言。村干部带着村民代表外出考察,看到有的乡村民宿一间房月收入有10万元,吃惊之余更是"眼馋",横山坞村行不行?

"村里的竹林风光一点也不差""周边的灵峰山景区、田园嘉乐比乐园,都能吸引客流""要下决心关掉竹加工小作坊"……村民们你一言我一语,逐渐形成共识:依托美丽乡村,大力发展"美丽经济"。

统一规划,高标准打造。村里把设计师陈谷请回家乡,建起"小瘾·半日村"民宿集群。徜徉在石板路上,一步一景,度假、美食等主题民宿各具特色,图书馆、咖啡店等业态一应俱全,游人或体验茶叶炒制,或观赏手工艺制作,偷得浮生半日闲,流连忘返。

"我们注重差异化发展,又尊重房屋、周边环境原有的样子,就地取材,打造特色。目前已吸引19家民宿入驻,成为网红打卡地。去年一年,'小瘾·半日村'接待游客超过35万人次。今年'五一'假期,日均营业额达4万余元。"陈谷说。

让村民共享发展红利,民宿集群采取"专业公司+街道+合作社+农户"的发展模式。在上海打拼的黄东回村开起私房菜馆"黄妈妈家宴",用全心、做本味,餐馆每张椅子年平均产出10万元;返乡创业的青年艾晨,主打新中式服装与手工布鞋,去年线下营业额突破200万元;村民金玉芳经过培训,在民宿当上"管家",一年增收5.4万元……

与民宿集群相距不足1公里,亲子主题乐园、艺术馆等项目相继落成。蓝晴霞说:"以前家门口是竹席厂,噪声轰隆隆,就怕游客住不安稳。现在厂房关了,休闲项目多了,满山的鲜花,别提有多美了!"

如今,横山坞村以建设乡村旅游为重点,以乡村能级提升为抓手,丰富"吃、住、游、购、玩"等休闲元素,强化产业链延伸,形成了文化休闲、乡村度假、休闲农业等多元业态为一体的乡村旅游新业态。

"美丽经济"带富乡亲。在横山坞村,田头有活干、村里有班上、家门口有钱赚。2022年,全村接待游客70万人次,旅游业收入达 1.08 亿元，村集体经济经营性收入 752 万元，农民人均纯收入 55 045 元。

在蔡明福看来，正是因为"千万工程"的实施，让横山坞村实现了一次次蜕变，找到了适合自身的发展路径。

"现在横山坞村的名气有了，下一步，如何把'流量'变成更大'留量'，吸引更多游客留下来，住得更舒心、玩得更开心，我们还有很多事要做。"接完一个电话，蔡明福又去忙着筹备新的项目。

（记者：窦瀚洋、罗珊珊）

第三节 浙江省杭州市余杭区小古城村
——村里的事情大家商量着办

2023 年 6 月 10 日　来源：人民日报

漫步浙江省杭州市余杭区径山镇小古城村，田间稻浪滚滚，茶园绿意盎然。彩虹滑道、露营营地……一处处休闲场景和田园风光融为一体。

这个小村庄，不仅是全国民主法治示范村，还拥有全国乡村旅游重点村、全国文明村等几十项荣誉。小古城村党委书记林国荣道出其中的秘诀："村里的事情大家商量着办！"

村口池塘边，一棵大樟树郁郁葱葱。走近看，树干上的"樟树下议事"木制字牌经年累月，见证了乡村的岁月变迁。

"没有'千万工程'，就没有小古城村的今天。"林国荣坦言，20 多年来，村里人在实践中探索出"四议六步"的民主议事工作法，以"议什么""谁来议""怎么议""议的效力"为基础，以"提、议、决、干、督、评"为关键步骤，推进乡村发展步入快车道。

"共建",让村庄更美丽。

家家户户的高围墙,曾是小古城村向村落景区发展的一道坎。高围墙裹紧了农家院子,也挡住了整个乡村的景观视野。

建墙容易拆墙难,如何破题?2018年,为推进美丽乡村建设,村党委在钱三村民小组试点降低围墙,村干部和村民代表在"樟树下议事"——

"降低围墙,安全怎么保障?""当初建围墙花了不少钱,现在改造图什么?"……

"给大家装上监控设备,加强安全巡逻""要看长远、算大账,改善村容村貌,带来的好处是方方面面的"……

你一言、我一语,摆事实、讲道理,村民们心里的疙瘩渐渐解开,接受了围墙改造方案。

如今,小古城村家家户户的围墙都降到1.2米,公共景观与美丽庭院融为一体,不少人还办起了共享菜园和共享庭院。

"围墙降了,'心墙'打开了,邻里关系更近了,幸福感更强了!"村民施雪琴说。

这些年,围绕事关村容村貌改善、村庄发展的大事,村党委开展70余次民主协商,一次次共同行动,让古村展新颜。

"共治",让产业更兴旺。

乡村环境美起来,游客多起来,小古城村遇到了"成长的烦恼":一到节假日,车辆一堵几里地,影响了观光体验和口碑。

老樟树下再次热闹起来。村党委邀请小古城旅游发展有限公司和村民代表共治共议。

"我可以共享家里的空闲停车位""组织村民志愿者到现场引导""扩建原有的停车场"……务实有效的金点子成了解决问题的金钥匙,停车难题迎刃而解。

同样"议"出来的,还有"苕溪营地"产业。近年来,从规划到经营,从起步到兴旺,一片片荒野湿地成为露营热门打卡地。

林国荣说,村民们群策群力,建起110米彩虹滑道,拓展环线绿道串联村内美景,发展露营营地产业,让专业的开发商开展营地建设。2022年,小古城村村集体收入首次突破千万元,农民人均可支配收入52 760元。

"共享",让发展更均衡。

产业发展快了,空间局限如何突破?

2021年,小古城村同周边的潘板桥村、求是村、漕桥村、桥头社区联合成立"小古城乡村新社区",开启共享发展、共同富裕新篇。

有了新思路,具体怎么干?"樟树下议事",商量着干呗。

来自四村一社区的干部聚在一起,提建议、聊方案,把共享发展的美好愿景落实落细:党建引领,成立共富联合党组织;融合旅游、招商等,成立联盟集团公司"古城控股";整合优势资源,优化产业布局……

"打破村与村的壁垒,我们做成了许多以前想做而没有做成的事。"小古城村职业经理人唐文铭说。

目前,径山镇共建立了以小古城、径山、前溪为中心的3个"乡村新社区"共富基本单元,带动全镇上下全面推进共同富裕。今年前5个月,全镇13个村集体经营性收入达2 381万元,接近去年全年的收入。

随着"千万工程"深入推进,基层协商民主日益完善,"村里的事情大家商量着办",充分激发出农民群众的积极性创造性。小古城村的那棵老樟树,一定会更加枝繁叶茂。

(记者:张帅祯、龚文静)

第四节　浙江省德清县莫干山镇仙潭村
——青山绿水间　民宿迎客来

2023年6月12日　来源：人民日报

莫干山深处，云雾缭绕，竹海茫茫。绵绵细雨中，沿着蜿蜒的公路来到浙江省德清县莫干山镇仙潭村，一幢幢错落有致的精品民宿映入眼帘。

走进民宿"漫步山乡"，草坪上的绣球、蔷薇开得正艳，旁边的泳池、秋千与田园风光相映成趣。民宿经营者陈建强说："我们以植物为主题打造浪漫田园，许多客人都是慕名而来。村里的160多家民宿，各有特色，到了旺季常常一房难求。"

莫干山的民宿为何这么火？

"这要从'千万工程'讲起。"仙潭村党总支书记、村委会主任沈蒋荣说，从"千村示范、万村整治"到"千村精品、万村美丽"，再到"千村未来、万村共富"，20年来，"千万工程"不仅造就了美丽仙潭，也带火了民宿经济。

沈蒋荣回忆，过去的仙潭村，村民靠卖竹笋、加工毛竹挣点微薄收入。随着一批批青壮年进城打工，村子成了"空心村"。

"千万工程"从整治人居环境入手，仙潭村顺势而为，硬化道路、厕所革命、专项治污，关停了毛笋厂、竹拉丝厂，山村展新颜。

环境一变，仙潭村的优势显露出来。这里有好山好水的自然环境，有风格各异的近代别墅群，有临近上海、杭州的区位优势，不少投资者来建设民宿。

闲置农房怎么用？与农民的合同怎么签？难题摆在面前。

以改革破题。2015年，德清成为全国农村"三块地"改革试点县。2020年，德清又被确定为新一轮国家级宅基地改革试点县。沈蒋荣说，仙潭村探索农村宅基地"三权分置"，落实集体所有权、保障农户资格权、适度放活使用权，不论是农户还是投资方，都能安心。

打造精品示范村庄，发展精品民宿，仙潭村发展步入快车道。村里的年轻人陆续返乡，将自家老房子改造成特色民宿。

"看到家乡环境变得这么好，就下决心回来发展。"38岁的村民徐朗跃说，他2019年回到村里，和弟弟一起将老宅改造成芷水·莫干山温泉民宿，"游客不少，乡村民宿的市场前景广阔。"

为规范行业发展，村里成立民宿行业协会，组织开展交流培训。德清县出台民宿管理办法，编制开发控制规划，完善民宿初审环节，避免盲目投资，助力乡村民宿走上了规范化、标准化健康发展道路。

政策引导，市场驱动，仙潭村建起166家特色精品民宿，年接待游客15万人次。2022年，仙潭村获评中国美丽休闲乡村。

民宿经济带动就业。村民沈水佳在"莫梵"民宿干保洁，一干就是6年。她说："过去采茶、挖笋，起早贪黑，还赚不下多少钱。现在吃上了旅游饭，天天按时上班，每年能挣近5万元。"

山里的特产也有了好销路。"咱这里的农产品，原生态、品质好，许多外地客人就好这一口。"村民郎臻炎返乡办起了家庭农场，与村里的民宿合作销售新鲜水果蔬菜。

如今的仙潭村有了名气，如何让"流量"变成更大"留量"？

村里探索"民宿+"模式，创新乡村旅游多元业态。现在，仙潭村开起大大小小的餐厅10家,有了7家咖啡馆、3家帐篷营地,还有烧烤店、奶茶店等。

不断创新供给。村里邀请艺术家开展文艺创作,成立舞龙队、锣鼓队等文艺团体,举办"百寿宴"、幸福村晚、村落文化节等活动,让乡村生活体验更有文化味。"今后,民宿联合举办文化休闲活动将成为常态,充分挖掘本地传统文化,打造美丽仙潭的新增长点。"沈蒋荣说。

整合资源,抱团发展。仙潭村联合南路、四合两个行政村,以"大仙潭"品牌发展全域旅游。今年,文杏里书房、仙潭美术馆、大白熊国际户外自然体验中心陆续开业运营,美丽仙潭有了更丰富的休闲体验。

着眼乡村未来,沈蒋荣又有了新谋划:村里有千年的红豆杉,还有一些历史建筑,要进一步深挖文化资源、围绕水系和稻田做好文章。

(记者:罗珊珊、窦瀚洋)

第五节 浙江省杭州市余杭区径山村
——茶香富茶乡

2023年6月13日　来源:人民日报

古木参天,小桥流水,茶园绿道上游人"打卡"拍照,文化礼堂里的点茶体验引人入胜……浙江杭州余杭区径山镇径山村因茶而兴,2022年上榜全国乡村特色产业产值超亿元村。

20年前,径山村还是个贫困村。村党总支书记俞荣华坦言:"我们有千年古刹径山万寿禅寺,有浙江十大名茶之一的径山茶。守着两张'金名片',游客来了却留不住,很长时间没有发展起来。"

穷则思变。以"千万工程"为牵引,径山村推进文旅融合发展,发展集种茶、制茶、卖茶、茶旅游于一体的大产业,用一片茶叶带富一方百姓。

好山好水出好茶。村里依托3 000余亩茶园,统一品牌、统一管理,全面推进生态种植、精深加工,线上线下营销,做强茶产业。

村里组织企业和茶农向茶文化专家请教,还原宋代点茶的技艺流程……深挖茶文化,增加品牌附加值。俞荣华说,"全村一年茶叶产量6万余斤,径山茶很受市场欢迎。"

开发茶文化旅游,村里统一规划、统一设计,通过基础设施提升工程,改造房屋立面,增铺村庄绿道,提升农村人居环境。

"'千万工程'让村子变得像花园,游客愿意来,径山茶品牌也更响了。光是民宿,一年就有10多万元收入。"刘香一家从山上搬了下来,与公婆一起打理90亩茶园,还开起了民宿。

"口渴进来喝杯径山茶,不要钱的。"村民梁汉先热情地招呼游客,"我两年前开起了农家乐,现在一年收入是以前的几倍。"

引导村民大力发展庭院经济,如今,全村有10家茶企、12家精品民宿、78家农家乐。有了吃住场所,径山村又深挖文化资源,发展沉浸式旅游。

漫步径山村,随处可见一个头戴斗笠、身背茶篓、机灵可爱的卡通形象。这是返乡青年马宽和专业设计团队一起打造的径山村旅游IP形象——径灵子。"径灵子衍生出一批文创产品,很受游客喜欢。"马宽说。

去年"五一"假期,"径灵子乐园"开业运营,游客纷至沓来。"一到节假日,来这里玩的家庭特别多。小朋友玩滑梯、蹦床、戏水,大人钓鱼、烧烤、露营,每个人都能找到乐趣。"俞荣华说。

"一汤,量茶受汤,调如融胶;二汤,击拂既力,珠玑磊落……"在茶工坊,游客跟着刘香体验点茶,学习径山茶道。村里利用闲置农房建设了12个工坊,让游客参与采茶、制茶等活动。

周颖的父亲是径山茶炒制技艺省级非物质文化遗产代表性传承人。回村后,周颖悉心习茶、研茶,2018年凭借优异的茶艺展示,成了径山茶推广人。如今,周颖与村里的年轻人一起,将径山茶通过线上销往各地。

做活茶文章,致富路越走越宽。以径山茶为原料创新推出的桂香径红茶、花香红茶,让茶农每年增收10万元左右。径山茶的许多衍生产品也受到热捧,其中茶香护龈牙膏年销售超百万支。

"从卖茶叶到弘扬茶文化,从发展茶产业到文旅融合发展,径山村建成集民宿、文化体验、茶产业深加工为一体的3A级全域景区村庄。2022年,我们村游客量超过220万人次,村集体经营性收入达到230多万元,村民人均收入达到5.2万元。"径山村党总支副书记马春强介绍。

"千万工程"的深入实施,吸引越来越多的年轻人返乡创业,不仅给径山茶产业发展注入了新动力,更给乡村发展带来了生机和活力。如今,径山茶这片"绿叶子"成了推动茶农致富的"金叶子"。径山村的美丽嬗变,成为绿水青山就是金山银山理念的生动实践。

(记者:刘军国、张丽玮)

第六节　浙江省绍兴市越城区安桥头村
——文旅融合促发展

2023 年 6 月 14 日　来源：人民日报

"那地方叫平桥村，是一个离海边不远，极偏僻的，临河的小村庄……"中学课本《社戏》中的内容耳熟能详，曾经的平桥村今天啥模样？

鲁迅先生笔下的"平桥村"，现在是浙江省绍兴市越城区安桥头村。来到这里，稻田碧绿，粉墙黛瓦，小桥流水，一派美丽乡村新气象。

漫步村中，村口祝福广场的"社戏大舞台"上，村民们正在排演越剧；河道中乌篷船往来穿梭；岸边，"闰土与猹"的雕塑栩栩如生……

"要把产业振兴作为乡村振兴的重中之重。"安桥头村党总支部书记宣明德深有感触。随着"千万工程"持续推进，安桥头村发展路径明晰起来：以文化赋能乡村振兴，依托江南水韵原貌，建设宜居宜业和美乡村。

从 2018 年起，安桥头村着力提升村容村貌，改善村内环境，构建文学场景打卡地、艺术乡村诗意栖居地、田园童趣体验地等特色旅游目的地。2020 年，鲁迅美术学院的研究生创作基地落户安桥头村。以鲁迅经典作品为灵感，学生们通过绘画、雕塑、动漫等形式艺术呈现，吸引了不少游客。

清华大学的学生社会实践基地也落在安桥头村。学生们不仅在村里开展社会实践活动，还为安桥头村设计了文化礼堂，古朴雅致的礼堂与村中环境相得益彰。村干部黄丽说："大学生来到村里，为乡村注入了新鲜活力，还带来了许多好点子。"在学生

第五章 "千万工程"的浙江实践

们的倡议下,文化礼堂里定期举办普法讲座、宣讲"枫桥经验"等内容,"大家法律意识强了,矛盾少了,文明乡风越来越浓。"黄丽说。

"村里来了大学生,就是不一样。"村民樊大根喜欢往老年学堂跑,"这里有书法培训班,还有越剧班、舞蹈班,课程丰富,不单是我,大伙儿都愿意来。"

如今的安桥头村,文旅融合发展成了新亮点。望乡楼、闰土的瓜田、梦回平桥公园等景观,让游客可以近距离接触水乡生活;迅哥菜园给了游客体验田园生活的场景。

村民的文化生活也越来越丰富了。婀娜多姿的旗袍走秀、宛转悠扬的越剧演出、诙谐幽默的鹦哥戏……每到周末,社戏大舞台上总是节目不断,村民在台上演得热闹,游客在台下看得开心。"我们这个戏台,周周有节目。"今年69岁的村民陈月仙参加了越剧班和舞蹈队,日子过得有滋有味。

去年11月,安桥头村第一届"水乡社戏节"活动成功举办,陈月仙和姐妹们也参与其中,还原了儿时鲁迅去赵庄看戏的热闹场景,观众游客把广场围得水泄不通。

安桥头村搭上文化旅游的"顺风车",在村口开出了饭店、米酒馆等新馆子。"有村民做了乌饣豆糕,6天卖了近2 000元,还有村民摆摊卖干菜饼,一个节假日卖了上千元。"宣明德介绍,村里人尝到了文旅融合的甜头。

"随着'千万工程'深入推进,村里的文旅产业发展越来越好。"宣明德说,去年9月,从鲁迅故居到安桥头村的公交旅游专线开通,来自上海、杭州、宁波的游客更多了。今年"五一"假期,安桥头村累计接待游客3万人次,相关收入近20万元。

2021年初,该村被列入绍兴13个"乡村振兴先行村"创建村之一。"未来,我们将开发深度文化旅游,打造特色民宿,同时，进一步做好研学游，争取让更多游客愿意来、留得下。"宣明德说。

（记者：窦瀚洋、赵偲汝）

第七节 浙江省绍兴市柯桥区棠棣村
——朵朵兰花香 乡村新气象

2023年6月17日 来源：人民日报

"棠棣无处不逢花。"走进浙江省绍兴市柯桥区漓渚镇棠棣村，村道宽敞洁净，民居整齐排列，一条3.6公里长的环村公路串起花的海洋，蔚为壮观。

这个获得"国家级美丽宜居示范村""全国生态文化村"等荣誉的美丽乡村，20年前却是另一番景象。当时的棠棣村，杂物乱堆乱放，村民们为了种养花卉方便，把露天"农家肥"置于房前屋后，人居环境差，治理难度大。

2003年，随着"千万工程"在浙江全省深入推进，一场村庄环境整治行动也在棠棣村火热开展。

棠棣村党总支书记刘建明坦言："起初大家环保意识不强，只顾自家方便。想要改变多年养成的生活习惯并不容易。"

发挥"头雁效应"，形成示范引领。刘建明带头拆除了自家花圃的两个粪坑，再同村干部一道挨家挨户做工作。经过系统整治，全村共清理拆除"两堆一坑"（柴堆、草堆、露天粪坑）1 800多个，村庄面貌焕然一新。

以解决老大难问题为起点，棠棣村不断拓展环境整治半径：修缮近1万平方米的危墙，修宽道路，整治杆线，亮起路灯，村庄生态环境不断改善，村民生活质量持续提高。

"村子美了，我们的干劲更足了。"棠棣村兰花共富工坊负

第五章 "千万工程"的浙江实践

责人童水标脸上挂满了笑意。

棠棣村因花闻名,素有"千年兰乡"的美誉。随着村居环境改善,一座数字兰花共富工坊拔地而起。村里运用数字化手段,着力做好"兰花"这篇大文章。从智能培育到直播出售,一朵小小的兰花成为村民手中的致富花。

早上七八点,童水标像往常一样点开"温室管家"App,兰花共富工坊内的温度、湿度等数据一目了然。当日照强烈时,顶棚的一、二层遮阳帘便自动运行;当需要浇灌、通风时,喷淋、风扇等装置便自动运行,确保兰花生长处于舒适环境。

待到兰花培育成熟,童水标便组织村民和电商团队,在工坊内进行分株、装盆和直播销售。"您瞧,这株兰花叫宋梅,花色呈俊俏鲜丽的嫩绿色,花瓣层次丰富,晶莹透亮,犹如翠玉。"电商主播卢燕燕在工坊内搭起直播间,热情地吆喝着。

随着下单声叮咚作响,阵阵兰花香飘向千家万户。

"既要搭上数字化快车,更要推动产业迭代升级,推动农文旅融合发展。"漓渚镇副镇长陈俊杰介绍,2017年,漓渚镇成为国家田园综合体试点之一。为推进项目实施,棠棣村将300余亩分散的丘陵山地改造成连片农田,利用农业景观和乡村空间吸引游客、凝聚人气,促进农业增效、农村增美、农民增收。

如今的棠棣村,以花木产业为主导,以兰文化创意研学体验为特色,年接待培训2.5万人次以上、游客14万余人次,带动花木销售额增加1 000余万元,村民人均收入超12万元。

村民口袋越来越鼓,但真正转型成"示范村""文明村",还要靠文明乡风的浸润。今天的棠棣村,以"棠棣"为名,以文明乡风为要,在乡村振兴路上既"塑形"、更"铸魂"。

"世盛千般好,家和万事兴。"在村民钱迪红家门口,两行家训赫然醒目。"这是村里发起的晒家风家训活动。"村妇联主席徐伟凤介绍，棠棣村扎实推进以传承好家训、培育好家风、建设好家庭为主要内容的家庭文明建设，以文化振兴助力乡村振兴。

往前走，一座古色古香的建筑跃入眼帘，这是棠棣乡村振兴讲习所，一群学生正在参加研学活动。"这里本是一片废弃厂房，后来成为我们共同的'精神家园'。"讲习所负责人李红敏介绍。

棠棣村通过修建文化礼堂等方式，让"人勤春早"的价值追求代代相传。"这加强了棠棣在外乡贤与家乡的精神连接。"漓渚镇党委书记罗耀说。

20年来，棠棣村深入实施"千万工程"，让朵朵兰花香，带来乡村新气象。站在新起点的棠棣村，正一步一个脚印，坚定走在迈向共同富裕的道路上。

（记者：张帅祯、龚文静）

第八节 浙江杭州萧山区瓜沥镇梅林村
——数字乡村添彩美好生活

2023年6月19日　来源：人民日报

一进入浙江省杭州市萧山区瓜沥镇梅林村，科技感扑面而来。扫描"沥小二"二维码，便可快速了解村子概况，停车位、公共厕所在哪里，主要景点、特产有哪些……触手可及的数字技术应用让村民生活更便捷、更美好，乡村生活满满的"幸福感""未来感"让人印象深刻。

"'千万工程'对我们来说，就是'幸福工程'。"一见面，村民朱丽华打开了话匣子。20年来，"千万工程"改变了村里面貌："围墙革命""庭院革命"打造美丽农居，让一个个农家小院修竹环抱；美丽公路、美丽河道、美丽池塘组成"诗意田园",村里一步一景。让朱丽华更自豪的是数字技术的应用,"你去村里的'美好生活中心'体验一下,可方便啦!"

"美好生活中心"是梅林村未来乡村建设的一个"窗口",智慧健康小站、无人超市、24小时乡村数字书房,数字元素随处可见。

在智慧健康小站,村民胡同兴掏出身份证,在舒心就医智慧多功能一体机上自助挂号。前一天他干活不小心扭伤,村医检查后,给开了膏药。谈起村里的智慧化卫生健康服务,胡同兴很满意,"小病慢病、常规检查都不用出村,大病可以远程诊疗。"

"智慧医疗,真是太好了!"村民王秋玲患有高血压,以前要到大医院配药吃,如今在村里就能解决。她从村社区卫生服务站领了台智能血压计,平时在家量血压,数据实时上传云端,家庭医生实时监测,发现血压过高,就上门诊疗。村里的全科医生陈约瑟说,通过"健康大脑+智慧医疗"建设,乡亲们实现了"慢病配药不出村"。梅林村第一书记孔高敏打开数字乡村后台管理系统的就医行为分析数据介绍,"现在选择在村里看病的比例达到70%。"

村里的文体设施也充满"智慧"。走进24小时乡村书房,记者看到一排听读机,点一点就能畅听有声读物。书房里还有儿童观影区。"只要有时间,我就会带孩子来这里坐一坐。"村民陈桂芳说,平时乡村书房还会举行少儿读书会、"四点半课堂"、诗歌朗诵会等,活动很是丰富。

北塘河边的数字跑道,是村民王官方最爱去的地方,"原先这里荒草丛生,现在成了健身好去处。"人脸识别后,跑多远、消耗多少卡路里,智能设备会自动记录,实时显示在屏幕上。

"数字乡村建设聚焦医疗、教育、休闲等民生需求,通过科技赋能,让乡亲们就地过上现代化生活。"孔高敏说。

数字化改善民生，也助力乡村善治。依托"沥家园"数字基层治理体系，梅林村在线上打造"大邻里中心"——"民呼我为"板块实现村民全程监管村务、村里及时反馈；"公益+"吸引更多群众参与公益事业；"文e家"让村民文化生活"月月有主题，周周有活动"……"沥家园"挂钩村规民约，实行积分制管理，充分调动了村民参与乡村建设、治理的积极性。

"小积分"撬动"社会大治理"。"邻里帮"频道，最近有村民用1 000积分发布通告：需要两个熟练工帮忙给油菜籽拍籽、扬清。不一会儿，就有村民帮忙。"现在，邻里之间互帮互助蔚然成风，村里发布的志愿活动招募，经常要靠'抢'的。"村民缪文孝说。

"接下来，我们要为乡亲们提供更多精准便捷的数字化服务，下更大力气建设共富乡村。"孔高敏说。

借助"千万工程"的东风，梅林村不断更新乡村生活"打开方式"，一幅"美丽乡村+数字乡村+共富乡村"的乡村全面振兴图景徐徐铺展。

（记者：顾仲阳、赵偲汝）

第九节 浙江省武义县白洋街道后陈村
——阳光村务增色和美乡村

2023年6月21日　来源：人民日报

夏日傍晚，浙江省金华市武义县白洋街道后陈村人民公园热闹起来，老人悠闲散步，孩童玩耍嬉戏。村民陈媛说："今年初，根据大家的诉求，公园进行了改造，增设了文化广场和体育设施，村里人天天都来运动健身。"

第五章 "千万工程"的浙江实践

作为全国民主法治示范村,后陈村的变化真不小。在村民民主议事、民主监督下,建起集老年食堂、电教活动室于一体的居家养老服务中心,修缮开放式多功能球场……前湖公园荷叶田田,廉政文化广场绿草茵茵,村子宜居宜业,家家户户和和美美。

"村里事务离不开大家的参与。"后陈村党支部书记吴兴勇说。借助"千万工程"的东风,后陈村干部群众几经讨论,表决通过了村务管理制度和监督制度,选举产生了全国首个村务监督委员会,被称为"后陈经验"。该制度后在全国推广开来。

"'后陈经验'就是让村干部明白,群众的监督时时在、处处在。"后陈村村务监督委员会主任胡欣伟说,村务监督委员会的职责,就是代表村民全方位全过程监督村里的人、财、事。

在后陈村,村务监督委员会每月定期检查村集体账目,形成了"村书记说事、监委会主任说账"的惯例,村里的大事小情必须在党员大会和村民代表大会上充分讨论,再在村务公开栏公示。村民徐李俊说:"村里事务我们都看得到,真的做到了在阳光下运行。"

胡欣伟介绍,村里还从乡贤、老干部和热心村民中选出4名工程质量群众监督员,全程监督村内大小工程。监督员陈南祥、陈文荣发现有施工单位偷工减料,"我们当时紧急叫停工程,要求施工方更改设计、立即整改,还和跟进项目的村干部进行了谈话。"胡欣伟说。

"商量中办事,监督中干事"。晚饭时分,村里的老年食堂里,陆续有老人前来免费用餐。"每天买完菜,村老年协会都有专人过来检查、称量菜品,每个礼拜还会核查菜价。"承包食堂的陈华银坦言,"在后陈村监督是常态,这是为了村子能更好。"

随着"千万工程"持续推进,"后陈经验"也与时俱进。去年以来,后陈村以此为基础,推广"邻舍家"议事会机制。

众人拾柴火焰高,"邻舍家"帮助村子解决了不少难题。村里一笔财政资金该怎么用?参与"邻舍家"议事会的10多位村民代表各抒己见,在有商有量的氛围里形成共识:"改造升级村集体的出租厂房,实现更大发展。"又有村民提议,趁着厂房改造建一些配套设施,方便工厂员工生活。为此,村里再度召开议事会,商量决定配建宿舍、商超。吴兴勇介绍,厂房改造预计能让村集体年收入从现在的700万元增长到2 000多万元。

一张新蓝图正在后陈村铺展开来。"不少地方来学习'后陈经验',我们正在建设后陈研学中心,为学习交流提供场所,顺势发展农文旅产业。"吴兴勇说,"村里大事一起干,好坏大家判,事事有人管,以乡村治理能力现代化推进农业农村现代化,后陈村的明天一定会更好。"

(记者:顾仲阳、窦瀚洋)

第十节　浙江省东阳市城东街道寀卢村
——智慧田园引客来

2023年6月20日　来源:人民日报

田间,无人翻耕机缓缓移动,一只只白鹭在翻耕后的水田里嬉戏觅食;远处,稻田连片,绿意盎然,一架植保无人机正在作业。

浙江省东阳市城东街道寀卢村,一幅美丽的生态农业画卷徐徐铺开。

"现在机械化种植,一个人就能种好几百亩稻田。"37岁的郭江华在寀卢村流转了300余亩土地种植水稻,插秧机、无人机、无人翻耕机等现代农机一应俱全,年收入可达十几万元。

第五章 "千万工程"的浙江实践

依托"千万工程",寀卢村建起"田成方,路成框,树成行,渠成网"的现代农业田园综合体,改善农业生产条件,创新现代农业经营体系,提高了农业劳动生产率和经营效益。寀卢村现拥有耕、种、管、收、烘干加工农业机械200多台(套),已实现水稻生产全程机械化。

不只是机械化,智慧化也成为寀卢村农业发展的一个亮点。"湿度、光照强度、土壤酸碱度、土壤肥力等影响农作物生长的数据,随时可查。"东阳市城东街道党工委书记许旭锋介绍,在加快建设数字浙江的背景下,寀卢村开发农房智管、数字田园等特色应用场景,大力开展5G农业示范园建设。

走进寀卢村党群服务中心,"智慧寀卢"云平台的大屏幕上,监测数据不断更新——土地缺啥营养、用的什么种子、什么时候种下、什么时候收割,数据都可以给出答案。"有了技术支持,农民种植效率更高了。"寀卢村党委书记、村委会主任卢阳春说。

既是"智慧田",也是"风景田"。寀卢村的现代农业田园成为旅游"打卡点"。"除了水稻种植,我们还有水果采摘、休闲垂钓等项目,节假日里不少游客专程前来,体验田园风光。"卢阳春说。

油菜、早晚稻一茬接一茬,紫藤长廊、樱花大道穿插其中……"源于农业,也要坚守农业,打造个性化、差异化的乡村旅游产品。"卢阳春说,"去年中国农民丰收节浙江主场活动就是在寀卢村办的,来了不少游客。"

田园变公园,农田变景区,20年来寀卢村实现了跨越式发展,村集体收入和农民年人均收入分别从2003年的70余万元、8 000多元,增长到2022年的425万元、8.2万元。"我们村的村民种粮有补贴,卖粮有钱赚,还有旅游带来的收入。"卢阳春说。

改善生态环境,建设和美乡村。在"千万工程"带动下,寀卢村将人居环境提升与现代农业、休闲观光等有机融合，开展道路整治、水系连通、景观节点建设等项目，村庄颜值越来越高，先后获评浙江省绿化示范村、浙江省级美丽宜居示范村。

让美丽田园不断增值，寀卢村深化一二三产融合，全面推进乡村振兴，打响"寀卢严选"品牌，提升农产品附加值；加快推进村内企业转型升级；深化农旅融合，吸引游客观光旅游。

"今年我们村里的农业科技馆要开馆了，以后可以带着孩子一起来，了解农业知识、体验一下露营营地……"说起寀卢村的未来，卢阳春信心十足。

（记者：刘军国、廖睿灵）

第十一节　浙江省绍兴市越城区坡塘村
——山乡吹来艺术风

2023年6月16日　来源：人民日报

白墙黑瓦、远山如黛，循着一声声婉转悠扬的绍兴莲花落，就到了浙江省绍兴市越城区坡塘村。

"原来落后小山村，如今美丽又迷人……"走进村里，驻村艺术家陈祥平正在教村民唱莲花落曲目，吸引了不少游客驻足。"这首莲花落唱的正是这里的蝶变历程。"驻村以来，陈祥平对坡塘村有了更深的了解，从"有客来了绕道走"的城郊村，到远近闻名的"风雅坡塘"，坡塘村走出了一条艺术赋能、文旅融合的乡村振兴路。

坡塘村的蝶变，是浙江持续推进"千万工程"的真实写照。20年来，以"千万工程"为抓手，浙江各地坚持一村一策、一村一品、一村一业，探索强村富民新路径。

乡村振兴，村村发力，坡塘村该从何做起？论资源禀赋，没有名山大川；比区位条件，虽毗邻城区，也并非独一无二。要想发展旅游业，靠什么吸引游客？

一次偶然的契机，坡塘村与艺术结合了起来。2020年初，来自中国人民大学艺术学院的"艺乡建"团队来到坡塘村采风调研。刚进村，"艺乡建"创始人陈炯就出了个主意，将巨大的绸带挂在茶园上方随风飞舞，一件名为《看见风》的艺术作品就此诞生。"随后的几个月里，1万多名游客慕名前来打卡。"坡塘村党委书记、村委会主任罗国海回忆，村民们第一次感受到了"艺术的力量"。

艺术团队的到来，打开了村民们的思路。竹匠陈荣苗重拾手艺，开起了工艺品小店。"以前是奔着生产生活需要，现在要把竹制品变成艺术品。"陈荣苗制作的竹蜻蜓、竹扁担、竹帆船受到了游客们的喜爱，开店以来，靠着售卖竹艺制品，他已增收上万元。

与此同时，坡塘村探索"微改造、精提升"，就地取材变废为宝。废弃的水表箱，绘上"楚河汉界"棋盘，再放上两个小石凳，一个露天小棋局就有了。"在保留乡村传统风貌的基础上，稍加改造，村里处处都是景观。"罗国海介绍，村里对建筑立面进行创意美化与功能提升，随处可见的砖瓦、蓑衣等老物件都可以打造成特色景观，小投入也有大回报。

依靠改革，盘活闲置土地，租赁闲置农房，既能增加农民财产性收入，又能"筑巢引凤"。如今，村里的旧民居、旧厂房摇身一变，成了乡村博物馆、树兰书屋等文化艺术空间，莲花落表演艺术家胡兆海、"陋室画家"位光明等一批艺术家工作室来此落户。

老茶厂改造而来的新空间，眼下已是"云松乡村艺术馆"，一楼新开了半舍堂茶室，二楼是开放艺术展览空间，出自绍兴市美协、绍兴书画院10名青年画家之手的"云松十景"主题美术长卷正在展览。"有山有水有风雅,适合品茶赏文化,我们第一次来就被村里的文艺氛围吸引了。"半舍堂茶室经营者俞小龙多番考察后,最终将茶室开在了坡塘。

艺术赋能,青山绿水有了别样风味。围绕"云上居"主题,坡塘村打造了"云福广场""云壶飞瀑""云松营地"等一系列旅游观光景观,一体推进文旅融合发展。目前,坡塘村全年可实现旅游综合收入超过300万元,带动剩余劳动力就业220人。

"小到一只碗、一个酒杯,只有做出品质、做出特色,游客才会来了又来。"罗国海正谋划着,打造5到10个具有辨识度的文创产品,以大型文旅活动为切入点,促进乡村旅游长效发展。

(记者:罗珊珊、刘军国)

附录一 关于有力有序有效推广浙江"千万工程"经验的指导意见

2023年6月26日 中央财办等部门印发

"千村示范、万村整治"工程（以下简称"千万工程"）是习近平总书记在浙江工作时亲自谋划、亲自部署、亲自推动的一项重大决策。浙江20年持之以恒、锲而不舍推进，造就了万千美丽乡村，造福了万千农民群众，创造了农业农村现代化的成功经验和实践范例。为在有条件的地方有力有序有效推广浙江"千万工程"经验，推动深入贯彻新发展理念，因地制宜、实事求是，尽力而为、量力而行，加快城乡融合发展步伐，积极推动美丽中国建设，全面推进乡村振兴，着力补齐中国式现代化短板，现提出如下意见。

一、充分认识推广"千万工程"经验的重大意义

"千万工程"是深入贯彻习近平新时代中国特色社会主义思想特别是习近平生态文明思想的生动实践载体，推广"千万工程"经验具有重大现实意义和深远历史意义。

（一）推广"千万工程"经验是贯彻新发展理念的重大举措

"千万工程"是农村发展理念变革、发展方式转换的生动体现，彰显了新发展理念的实践伟力。推广"千万工程"经验，

有利于推动"三农"领域完整准确全面贯彻新发展理念，加快构建新发展格局，推动高质量发展，正确处理速度和质量、发展和环保、发展和安全等重大关系，完善政策体系和制度机制，切实走生产发展、生活富裕、生态良好的文明发展道路。

（二）推广"千万工程"经验是加快城乡融合发展的有效途径

"千万工程"实施20年来，浙江省内区域差距、城乡差距、收入差距不断缩小，农村面貌实现从"脏乱差"到"强富美"的沧桑巨变。推广"千万工程"经验，有利于破除妨碍城乡要素平等交换、双向流动的制度壁垒，推动城市基础设施向农村延伸、公共服务向农村覆盖、资源要素向农村流动，加快形成工农互促、城乡互补、协调发展、共同繁荣的新型工农城乡关系，推动农村基本具备现代生活条件。

（三）推广"千万工程"经验是建设美丽中国的有力行动

"千万工程"推动"绿水青山就是金山银山"从理念变为现实，打造了践行习近平生态文明思想的样板和典范，为推进人与自然和谐共生的中国式现代化贡献了成功方案。推广"千万工程"经验，有利于持续改善农村人居环境，促进生态农业、低碳乡村发展，推动建设美丽乡村，为建设美丽中国奠定坚实基础。

（四）推广"千万工程"经验是扎实推进乡村振兴的必然要求

"千万工程"积极呼应农民群众的期盼诉求，有力有效改善农村生产生活条件，实现乡村由表及里、形神兼备的全面提升，树立了乡村全面振兴的新标杆。推广"千万工程"经验，有利于探索扎实推进乡村振兴的实现路径和阶段性任务，优化人力、物力、财力配置，循序渐进建设宜居宜业和美乡村，不断实现农民群众对美好生活的向往。

二、学深悟透"千万工程"经验蕴含的科学方法

推广"千万工程"经验,必须学深悟透其中蕴含的习近平新时代中国特色社会主义思想的世界观和方法论,坚持好、运用好贯穿其中的立场观点方法。

(一)人民至上、共建共享

擘画实施"千万工程",充分彰显了习近平总书记真挚为民情怀。在"千万工程"推进中,坚持"群众要什么、我们干什么,干得好不好、群众说了算",把群众满意度作为工作成效的最高评判标准,引导群众自觉投入工程建设,共建共享美好家园。新时代新征程,要更加自觉站稳人民立场,强化宗旨意识,想农民所想,采取更多惠民生、暖民心举措,千方百计拓宽农民增收致富渠道,让亿万农民日子越过越红火。

(二)创新驱动、绿色发展

"千万工程"充分体现了发展理念的深化,在促进人与自然和谐共生中,挖掘乡村多种功能、多元价值,培育新产业新业态新模式,提升可持续内生动力,实现"美丽乡村"向"美丽经济"的精彩蝶变。新时代新征程,要坚持生态优先、节约集约、绿色低碳发展,加强乡村生态建设,用数字化赋能乡村振兴,推动"三农"工作理论创新、实践创新、制度创新,持续缩小城乡区域发展差距,实现农业强、农村美、农民富。

(三)统筹协调、突出重点

"千万工程"以人居环境整治为切入点,坚持美村与富村并进、塑形和铸魂并重,统筹推进"美丽乡村、共富乡村、人文乡村、善治乡村、数字乡村"建设,实现乡村产业、人才、文化、生态、组织全面振兴。新时代新征程,必须强化系统观念,科学把握乡村振兴阶段性重点任务和推进时序,注重多目标平衡,一

体推进农业现代化和农村现代化，促进城乡深度融合，让农民就地过上现代文明生活。

(四) 因地制宜、分类施策

"千万工程"实施过程中坚持从实际出发，区分发达地区和欠发达地区、城郊村庄和传统农区，结合地方发展水平、财政承受能力、农民接受程度推进工作，标准有高有低、不搞整齐划一，真正把实事办好、好事落实。新时代新征程，要科学把握城乡发展不平衡、农村区域差异大的实际，根据各地乡村经济基础、自然条件、区位特征、资源优势、文化传统等客观条件，分类明确建设重点，逐步拓展建设领域，打造各具特色的现代版"富春山居图"。

(五) 加强领导、完善机制

"千万工程"从实施之初就建立"一把手"亲自抓、分管领导直接抓、一级抓一级、层层抓落实的领导体制，构建科学规划、逐步扩容、投资建设、制度创新等一整套推进机制，形成领导挂帅、部门协同、分级负责的工作格局。新时代新征程，必须坚持党对"三农"工作的全面领导，健全领导体制和工作机制，以责任落实推动工作落实、政策落实，为全面推进乡村振兴提供坚强保证。

(六) 锲而不舍、久久为功

"千万工程"20年来坚持一张蓝图绘到底，一件事情接着一件事情办，一年接着一年干，每五年出台一个行动计划，每阶段出台一个实施意见，针对不同时期的工作重心，制定解决方案、明确目标任务、细化政策措施，不折腾、不动摇，不断积小胜为大胜。新时代新征程，必须全面贯彻党中央决策部署，锚定农业农村现代化目标，健全规划体系、政策体系、制度体系、考核体系，循序渐进接续奋斗，推动乡村振兴不断取得新成效，夯实中国式现代化基础。

三、结合实际创造性推广"千万工程"经验

学习"千万工程"经验的目的全在于推广运用,各地要结合实际创造性转化到"三农"工作实践之中,推动农业农村现代化取得实实在在成效。

（一）深化农村人居环境整治

"千万工程"以整治环境为先手棋,全面推进厕所、垃圾、污水"三大革命",全域建设美丽乡村。推广"千万工程"经验,要扎实推进农村人居环境整治提升五年行动,以农村厕所革命、生活污水垃圾治理、黑臭水体整治、村容村貌提升为重点,全面提升农村人居环境质量。因地制宜选择改厕技术模式,逐步普及农村卫生厕所。完善农村生活污水处理机制,有效提升农村水环境质量。健全农村生活垃圾收运处置体系,推动农村生活垃圾分类减量与资源化处理利用。全面清理私搭乱建、乱堆乱放,整治残垣断壁,支持设计下乡,增加村庄绿量、提升绿化质量,加强乡村风貌引导,推动现代宜居农房建设。

（二）促进城乡融合发展

浙江把"千万工程"作为城乡融合发展的"龙头工程",建立以工促农、以城带乡的建设机制,着力缩小城乡差距。推广"千万工程"经验,要把公共基础设施建设重点放在乡村,加快推动乡村基础设施提档升级。推动公共服务向农村延伸、社会事业向农村覆盖,健全全民覆盖、普惠共享、城乡一体的基本公共服务体系。推进乡村经济多元化,拓宽农民增收渠道,持续缩小城乡居民生活水平差距。加快建立健全有利于城乡要素合理配置的体制机制,促进各类要素更多向乡村有序流动。

（三）发展乡村优势特色产业

20年实践证明,"千万工程"坚持以业为基,激发了强大活

力，形成了持久生命力。推广"千万工程"经验，要聚力做好"土特产"文章，开发农业产业新功能、农村生态新价值，打造具有竞争优势的特色产业。推进现代农业园区、国家粮食安全产业带建设，发展高效生态农业、特色林草产业，促进农业规模化、标准化和产业化经营。培育乡村新产业新业态，推动农村一二三产业融合发展，促进乡村产业全链条升级，有效防止"散乱污"企业抬头。深化农村集体产权制度改革，健全集体资产经营管理体制，发展壮大农村新型集体经济。

(四) 推动农业农村绿色低碳发展

"千万工程"首先是一项"生态工程"，既保护了"绿水青山"，又带来了"金山银山"，让乡村成为绿色生态富民家园。推广"千万工程"经验，要实施好重要生态系统保护和修复重大工程，推进山水林田湖草沙一体化保护和系统治理。聚焦农业面源污染突出区域，优化农业产业结构，促进农业投入品减量增效，提高粮食作物配方肥供应，降低经济作物化肥施用强度。推进"无废乡村"建设，加强农业废弃物资源化利用，依法建立畜禽粪污收运利用系统，依法禁止秸秆露天焚烧。创新培育"美丽乡村+"农业、文化、教育、旅游、康养、文创等乡村新业态，全面打通"两山理论"转化通道。

(五) 加强农村精神文明建设

"千万工程"注重推动农村物质文明和精神文明相协调，把农村建设成农民心有所栖、心有所依的美好家园。推广"千万工程"经验，要加强思想政治引领，深入开展学习贯彻习近平新时代中国特色社会主义思想主题教育，广泛开展中国特色社会主义和中国梦宣传教育。深入开展农村精神文明创建活动，弘扬和践行社会主义核心价值观，发展社会主义先进文化，弘扬革命文化，传承中华优秀传统文化、发扬"四千精神"。拓展新时代文明实践中心建设,推进乡村文化设施建设,不断丰富农民群众文化生活。有力有效保护传统村落、传统建筑和传统民居、农耕风俗等文化遗产,弘扬生态文化。持续推进农村移风易俗,集中整治高价彩礼、人情攀比、封建迷信等不良风气。

(六)提升乡村治理效能

"千万工程"坚持"村里的事情大家商量着办",抓党建促乡村振兴,充分发挥农村基层党组织战斗堡垒作用。推广"千万工程"经验,要着力完善党组织领导的自治、法治、德治相结合的治理体系,让农村既充满活力又稳定有序。坚持大抓基层的鲜明导向,推动治理和服务重心下移、资源下沉,推动乡镇赋权扩能。深化党组织领导的村民自治实践,创新乡村治理抓手载体,完善推广积分制、清单制、数字化、接诉即办等务实管用的治理方式,真正让基层群众参与进来。

四、确保推广"千万工程"经验沿着正确轨道行稳致远

坚决反对形式主义、官僚主义,及时纠治工作偏差和苗头性倾向性问题,确保推广"千万工程"经验不跑偏、不走样、不落空。

(一)坚持尽力而为、量力而行,不超越发展阶段

顺应乡村发展规律,务实渐进推进工作,把握好整治力度、建设深度、推进速度与财力承受度、农民接受度的关系,确保乡村建设始终同农村经济发展水平相适应,同当地文化和风土人情相协调。人口偏少和人口持续流出的乡村,要从当地实际出发,灵活运用浙江的经验做法。坚持有多少能力办多少事,不开空头支票,不吊高农民胃口,坚决反对盲目攀比、铺张浪费、劳民伤财,严禁违背农民意愿搞合村并居,有效防范和处置变相举债、新增隐性债务等各类风险。

(二) 坚持求真务实，不搞形象工程

大兴调查研究，从实际出发想问题、作决策、办事情。树立正确的政绩观，坚持数量服从质量、进度服从实效，求好不求快。统筹规划、因地制宜、分类施策，把握好"点"和"面"的关系，促进各类村庄人居环境均衡发展。聚焦普惠性、基础性、兜底性民生建设，多干雪中送炭的民生实事，少做锦上添花的表面文章，不搞花架子、堆盆景，严禁搞脱离实际的"样板工程""政绩工程"，确保经得起历史和群众的检验。

(三) 坚持尊重农民意愿，不搞强迫命令

坚持乡村振兴为农民而兴、乡村建设为农民而建，尊重农民主体地位和首创精神，厘清政府干和农民干的边界。该由政府干的主动想、精心谋、扎实做，该由农民自主干的不越位、不包揽、不干预。保障农民的知情权、参与权、决策权，不搞包办代替，不搞大包大揽，避免代替农民选择，让农民成为乡村发展、建设、治理的参与者和受益者。

五、健全推广"千万工程"经验长效机制

各地要充分认识总结推广"千万工程"经验的政治意义、理论意义、实践意义，结合本地实际，精心组织，统筹安排，务求实效。

(一) 加强组织领导

进一步落实领导责任，推动广大党员干部站在坚定拥护"两个确立"、坚决做到"两个维护"的政治高度，深入学习领会"千万工程"经验的丰富内涵和实践要求。各地要把全面推广"千万工程"经验贯彻到推进乡村振兴、加快建设农业强国全过程，落实到宜居宜业和美乡村建设、美丽中国建设、推进中国式现代化的各领域各方面。

(二) 加强宣传交流

加强"千万工程"经验的理论研究和宣传阐释,提高广大党员干部学习践行的能力和水平。多种形式开展"千万工程"实施20周年宣传,充分展现新时代中国乡村的美好生活,塑造真实、可爱的中国形象。

(三) 加强推广运用

结合学习贯彻习近平新时代中国特色社会主义思想主题教育,认真组织开展"千万工程"经验案例学习,提升运用党的创新理论分析解决问题的能力。牢固树立和践行正确政绩观,把为民造福作为最重要的政绩,求真务实、真抓实干,推动学习运用不断走深走实。

附录二 总书记的"三农"情怀

2022年9月22日 来源：人民日报

又到丰收时节，希望的田野铺展最美画卷。

三江平原"流金淌银"。"轰隆隆"，一台台联合收割机驶过，"唰唰唰"，沉甸甸的稻穗被"吃"进机器，行进间，黄澄澄的稻谷"吐"入运输车，身后，粉碎的秸秆还入田间。"一株稻穗平均有130多粒，颗颗饱满，单产突破1 200斤！"北大荒集团建三江分公司七星农场技术员陆向导一脸喜悦。

丰收里满载幸福，丰收里饱含牵挂。

2018年9月25日，第一个中国农民丰收节刚过，习近平总书记就来到七星农场，在北大荒精准农业农机中心一楼展示大厅，总书记双手捧起一碗大米，意味深长地说道："中国粮食！中国饭碗！"

"总书记这么关心粮食，咱干得起劲！"陆向导掰着指头说，"这些年，种粮好政策接连不断，新农机给力，'慧'种地升级，我们农场120多万亩稻田实现智能化作业，端稳'饭碗'更有底气。"

金秋时节，大江南北，五谷丰登，瓜果飘香。欢庆丰收的人们不会忘记，每到中国农民丰收节，总书记的节日寄语总会如期而至："在全社会形成关注农业、关心农村、关爱农民的浓厚氛围""让乡亲们的日子越过越红火""让广大农民生活芝麻开花节节高"……声声入耳，句句暖心，映照着总书记爱农为农、重

附录二 总书记的"三农"情怀

农强农、兴农惠农的深厚情怀。

时光荏苒,今昔巨变。日子美起来的乡亲们不会忘记,深山小院里的欢声笑语,农家炕头上的嘘寒问暖,田间地头的细致追问,总书记的心和乡亲们贴得很近很近。

爱农

"我们这代人有一份情结,扶一把老百姓特别是农民"

昔日盐碱地,今朝新绿洲。山东东营,黄河三角洲农业高新技术产业示范区里,绿油油的大豆、红色的藜麦、成片的金银花,风景如画。

农技负责人罗守玉念念不忘:"去年10月21日,总书记来到这里,弯下腰来摘了一个豆荚,剥出一粒大豆,放在口中细细咀嚼:'豆子长得很好。'"

罗守玉至今都倍感亲切:"总书记问得细、问得深、点得透,一看就是行家里手。"

"总书记关注的这个大豆品种,今年又将是个好收成,做出来的豆浆细腻少渣。"罗守玉说。

干农活的"老把式",打糍粑的"会家子",不经意间流露的劳动本色,深深印刻在农民的心里。对村民石拔三说"你是大姐",拉着马克俊的手叫"老弟",发自内心地把乡亲当亲人。

这份情怀,源自成长经历。

"无论我走到哪里,永远是黄土地的儿子。"总书记这样描述那段艰苦却受益终生的岁月。

50多年前,不满16岁的习近平来到陕北高原当知青,在延川县梁家河大队一干7年。那会儿,当地老百姓常说:"肥正月,瘦二月,半死不活三四月。"青年习近平大为触动,"感觉农民怎么这么苦啊。"

种地、拉煤、打坝、挑粪,在梁家河的岁月,这位乡亲们眼中"吃苦耐劳的好后生",什么活儿都干过,啥苦都吃过。担任梁家河村支书,他带领村民修了陕西第一座沼气池,打了灌溉井,办了铁业社、缝纫社,短短一年多,贫穷的小山村焕发生机。

从"穷窝窝"里走出来,深知乡亲们的苦,读得懂锅里的穷,感受得到受穷的痛,"每到一个地方,我都要看看乡村,乡村是我们人民最基本生活情况的反映。"

在河北正定,跑遍所有农村,"常常把一张桌子摆在大街上,吆喝大家过来,有什么事就找我说说。"一位老大娘和年轻的习近平同志说悄悄话的照片,定格了那段时光。

在福建宁德,到任3个月走遍9个县,最远到了福鼎县的嵛山岛,最高去了屏南县的仙山牧场。

到任浙江后,一年多时间深入全省90个县市区。

在上海仅7个月,跑遍了全市19个区县。

这位"黄土地的儿子"将对人民的赤子之情铭刻心间:"我们这代人有一份情结,扶一把老百姓特别是农民。"

这份情怀,彰显不变初心。

"人民对美好生活的向往,就是我们的奋斗目标。"在十八届中共中央政治局常委同中外记者见面时,习近平总书记的话掷地有声。

2012年隆冬时节,皑皑白雪覆盖巍巍太行,总书记踏雪来到河北阜平。骆驼湾村里,石头铺成的小路坑坑洼洼。村民唐宗秀把总书记挽进了家,"总书记进了屋,就坐在俺家炕沿上,问收入有多少、粮食够不够……"

出骆驼湾村向南1.5公里,是顾家台村。村民顾成虎记得清楚:"总书记在我家时,看到我袖口破了,特意叮嘱随行人员在给我的慰问品中加了件棉大衣。总书记是个细心人,把咱老百姓装进了心里。"

对乡亲们最浓的情,凝成千金之诺:"小康路上,绝不能让一个少数民族、一个地区掉队"。

先后7次主持召开中央扶贫工作座谈会,50多次调研扶贫工作,走遍了14个集中连片特困地区,从黄土地到黑土地、从零下十几摄氏度到海拔4 000米,沟壑纵横的高原路、坡急沟深的盘山路、覆满冰雪的乡村路、麦浪滚滚的田间路,串串足迹,丈量着从贫困到小康的距离,印证着执政党向人民、向历史作出的庄严承诺。

湖南花垣县十八洞村,总书记首提"精准扶贫"的地方,发生美丽嬗变:一颗猕猴桃带来一项新产业,一个小山村吸引一批批新游客。

几十公里外的花垣县梳子山村,曾经,陡峭的山像梳子一样把村子分隔成6个寨子。"精准扶贫拔穷根,新修的19公里公路把6个寨子连起来。"村党支部书记龙绍英说,路一通,产业活,腊肉深加工、茶树种植、特色养殖,村民们蹚出了致富路。

初心如磐,使命如炬。脱贫攻坚,8年弹指一挥间,一个个贫困村庄山乡巨变,小香菇做成大产业,小土豆变身"金豆豆",光伏发电成了"铁杆庄稼"……近1亿农村贫困人口全部脱贫,困扰中华民族几千年的绝对贫困问题得到历史性解决,创造了彪炳史册的人间奇迹。

在乡村里读懂中国。千年梦想,今朝梦圆,当代共产党人书写最生动、最真实的中国故事。

这份情怀,体现为民本色。

泱泱大国,治国理政千头万绪。在总书记心中,"千头万绪的事,说到底是千家万户的事""有利于百姓的事再小也要做"。

从 40 多年前翻修陕北农村公厕,到后来在正定县整治连茅圈,"农村改厕,这个事情是我一直关心的。我也是从农村出来的人啊,也知道农村上个厕所是真的不方便。"

在河北省张北县德胜村村民徐海成家的院落里,总书记为村里的规划支招:"改厕问题也要科学设计。"

在山西吕梁山区宋家沟新村村民张贵明家中,总书记为他们家生活条件改善、用上了冲水马桶感到由衷高兴。

山高水长,本色依旧。"粮食够不够吃""看病有没有保障""孩子有没有学上"……这些困扰乡亲们的"小事",摆在总书记的案头、记在总书记的心中,也一项项列入中央重要会议日程,一次次成为惠农政策发力点。

乡亲们尝到政策的甜,打心眼儿里念着党的好。

河北省阜平县骆驼湾村唐宗秀说:"吃水不忘挖井人,要不是总书记和党中央的好政策,哪来这些好福气!"

新疆疏附县阿亚格曼干村的阿卜都克尤木·肉孜说:"如果总书记再来,我要给他献上鲜花。鲜花象征着我们的幸福生活!"

四川大凉山的彝族同胞载歌载舞:"共产党瓦吉瓦(好得很),习总书记卡沙沙(谢谢)!"

…………

重农

"任何时候都不能忽视农业、忘记农民、淡漠农村"

百年变局交织世纪疫情,发展面临的风险挑战更加复杂多变。今天的中国,"三农"分量有多重?

"农业农村农民问题是关系国计民生的根本性问题";

"任何时候都不能忽视农业、忘记农民、淡漠农村";

"坚持把解决好'三农'问题作为全党工作重中之重";

附录二 总书记的"三农"情怀

"稳住农业基本盘、守好'三农'基础是应变局、开新局的'压舱石'"。

胸怀大局,洞察大势,这份情怀格外深厚、凝重。

今年4月10日,海南考察第一站,总书记走进崖州湾种子实验室,谈起种子话题语重心长:"只有用自己的手攥紧中国种子,才能端稳中国饭碗,才能实现粮食安全。"

今年6月8日,四川考察第一站,总书记走进太和镇永丰村稻田深处,俯身察看秧苗长势。放眼广袤田野,总书记思虑深远:"民以食为天。推进农业现代化,既要靠我们中国的农业专家,也要靠我们中国的农民,我们有信心、有底气实现粮食安全的目标。"

一粒种,一株苗,总书记牵挂的是粮食安全这一"国之大者",思谋的是一个重大战略性问题,"中国人的饭碗任何时候都要牢牢端在自己手中,饭碗主要装中国粮"。

连年丰收,大国粮仓是不是高枕无忧?

"在吃饭问题上不能得健忘症,不能好了伤疤忘了疼""如果在吃饭问题上被'卡脖子',就会一剑封喉""我反复强调,粮食多一点少一点是战术问题;粮食安全则是战略问题。我国之所以能够实现社会稳定、人心安定,一个很重要的原因就是我们手中有粮、心中不慌"……句句箴言,字字深重。

放眼广袤粮田,一些现象令人心痛。今年全国两会上,总书记语气凝重:"一些地方在耕地占补平衡上弄虚作假,搞'狸猫换太子'""农田就是农田,农田必须是良田。决不允许任何人在耕地保护上搞变通、做手脚,'崽卖爷田心不疼'"……

一记记响鼓重锤,正是于安思危、于治忧乱的深长考量。

谆谆告诫化为坚决行动。今年8月1日,《中华人民共和国黑土地保护法》正式施行。在东北,"耕地中的大熊猫"更绿更肥；在河南，高标准农田建设有序推进；在广西，田长制扎牢耕地保护网。战汛情、促弱苗、防虫害，政策及时跟进，一系列硬措施精准到位，一批批农技员扎根田间，亿万农民辛勤付出，换来了来之不易的丰收，为应对各种风险挑战赢得主动权。

关注国家粮食安全的大账，也关心一家一户的小账。

2020年夏天，总书记顶着烈日，走进宁夏贺兰县稻渔空间乡村生态观光园，在稻田深处，同正在劳作的村民们亲切交谈。

村民们告诉总书记，每月务工费3 000多块，年底还有分红。一位年轻村民笑着说，一亩地一年800块的土地流转费，乡亲们土地流转多的三四十亩地、少的十多亩地，又是一笔不小的收入。

"大家都是股东了！"总书记幽默的话，引来乡亲们会心的笑声。

社会资金注入，企业化运营，农民广泛参与，"土地入股""贷款担保基金"等新模式，让昔日的稻田变成了产业园区。

总书记叮嘱："发展乡村产业，一定要突出农民主体地位，始终把保障农民利益放在第一位，不能剥夺或者削弱农民的发展能力。不能把农民土地拿走了，干得红红火火的，却跟农民没关系。要共同致富。"

在总书记心中，一家一户的小账分量不轻："检验农村工作成效的一个重要尺度，就是看农民的钱袋子鼓起来没有""不让种粮农民在经济上吃亏"。

春风化雨，一系列好政策落地生根。从玉米大豆生产者补贴、稻谷和小麦最低收购价政策，到推动三大主粮完全成本保险和种植收入保险实现主产省产粮大县全覆盖；从重点支持联农带农富农产业发展，到以创业带就业、以就业促增收……2021年农村居民人均可支配收入18 931元，较2012年翻了一番多，农民生产生活水平上了一个大台阶。

乡村发展是历史命题,也是时代课题,总书记思考深邃。

"纵览历朝历代,农业兴旺、农民安定,则国家统一、社会稳定;农业凋敝、农民不稳,则国家分裂、社会动荡。"

"我国发展最大的不平衡是城乡发展不平衡,最大的不充分是农村发展不充分。"

"不管工业化、城镇化进展到哪一步,农业都要发展,乡村都不会消亡,城乡将长期共生并存,这也是客观规律"。

立足世情国情,把握发展规律,坚持农业农村优先发展,成为做好"三农"工作的总方针。

2020年1月19日,总书记来到云南腾冲市清水乡三家村中寨司莫拉佤族村。脱贫后的村民李发顺一家,住进了"大五架"房,一正两厢一照壁,上下两层,干净结实。

堂屋、卧室、厨房、卫生间……总书记一间一间细细看过去。在厨房里,拧开水龙头,试试自来水。打开冰箱门,看到有菜有肉,掀开锅盖,一阵饭香扑鼻而来。

一家一户,就是一村一寨的真实写照。从"泥水路"到"水泥路",从"篱笆房"到"小庭院",从"结绳记事"到民族共融……村情展室里,一幅幅新老照片鲜明对比,佤寨交通、住房、文化教育等方方面面的翻天巨变,让总书记频频称赞。

一村一寨,就是一个时代的生动缩影。10年来,全国农村卫生厕所普及率超过70%,生活垃圾和污水治理水平明显提升,公共设施提档升级,水、电、路、网加快建设,"环境美"携手"生活美"一起来敲门,越来越多的乡村成为广大农民的幸福家园。

以大历史观看"三农",站在全局和战略高度看"三农",这份情怀展现当代中国共产党人的政治智慧,彰显"以历史映照现实"的政治清醒。

兴农

"举全党全社会之力推动乡村振兴，促进农业高质高效、乡村宜居宜业、农民富裕富足"

悬崖村的路，一直挂在总书记心上。

2017年全国两会，在参加四川代表团审议时，总书记谈到有关这个村的新闻报道："看着村民们的出行状态，感到很揪心。"

今年全国两会，总书记依然放心不下："乡亲们都下来了吧？孩子上学、老人看病，都下山住了吧？"

"搬了一部分，留了一部分。村里发展起了旅游，日子越来越好。"来自四川省民政厅的益西达瓦委员带来了悬崖村的新消息。总书记仔细端详他拿起的两张照片。一张，是昔日挂在陡峭悬崖上摇摇欲坠的藤梯；另一张，今日的钢梯直入云霄，乡亲们走得踏实、走得稳当。

悬崖村的路还在延伸。顺着山势，一条新的硬化路盘旋而上。"路通产业旺，205亩油橄榄今年就能大面积下果，脐橙长势正好，彝绣社里姐妹们飞针走线，努力绣出新天地。"驻悬崖村第一书记李廷坤说。

从藤梯到钢梯，再到硬化路，悬崖村之变，印证了从脱贫攻坚到乡村振兴的历史大逻辑。

"从中华民族伟大复兴战略全局看，民族要复兴，乡村必振兴。"

"脱贫攻坚取得胜利后，要全面推进乡村振兴，这是'三农'工作重心的历史性转移。"

"举全党全社会之力推动乡村振兴，促进农业高质高效、乡村宜居宜业、农民富裕富足。"

着眼民族复兴,谋划国家未来,这份情怀更显深远、宏阔。

农村未来什么样?

2020年全国两会,总书记意味深长回忆起他在陕北插队,"我那时饿着肚子问周围的老百姓,你们觉得什么样的日子算幸福生活?他们讲了几个心愿。"

从"吃饱肚子"到"吃'净颗子'",再到当年看来高不可攀的"想吃细粮就吃细粮,还能经常吃肉"。老乡们再努力想了又想,期盼"将来干活挑着金扁担"。

"金扁担"正从畅想变成现实。

在黑龙江抚远市玖成水稻种植合作社门前展示栏的一张照片上,一台插秧机格外引人注目。

"总书记当年就是踏上这台插秧机,手扶方向盘,察看仪表盘,亲切询问技术人员机械的工作原理、购买价格、插秧效率等。"时隔6年,合作社理事长袁胜海对总书记考察时的情景历历在目。

"过去种地都是'四轮子',灭虫是药壶,收割是镰刀。现在全是'大马力',灭虫用飞机航化作业,天上飞的、地下跑的,都是种粮好帮手,以前半年的活,现在10来天就干完了。"袁胜海说,6年来,合作社探索农业生产托管服务,入社社员从82人增加到349人,为农民节本增收300万元以上。

广袤田野正在发生深刻变革。农机"长眼睛""装大脑",手机成了"新农具",直播成了"新农活",全国农作物耕种收综合机械化率超过72%。10年来,农产品加工企业营业收入达到近25万亿元,全国休闲农庄、观光农园、农家乐等达到30多万家,年营业收入超过7 000亿元。乡村产业不断积蓄新动能。

不只"金扁担"。顺应亿万农民新期盼,党的十九大报告提出实施乡村振兴战略,"产业兴旺、生态宜居、乡风文明、治理有效、生活富裕",20个字勾勒出未来乡村更加壮美的新图景。

新发展阶段,农业农村面临新情况新问题,"三农"工作更加复杂。

总书记当过农民,有着深厚的农民情结,问计于民、倾听民声的品格一以贯之。

"习书记从不在办公室闲坐。"当年的正定县委办干部回忆说,习近平经常带着县委工作人员搞调查,"特别选在县城大集的时候,在大街上摆上桌子,拉着来赶集的老百姓做调查"。县委机关大门也总是敞开的,背着粪筐的老农径直进来同习近平交谈。

2016年全国人民代表大会审议现场,总书记用了20分钟向一名村党委书记了解当地发展情况。"牛羊育肥期几个月""村党委有多少人""种什么庄稼""水产养殖怎么发展"……总书记掰开了问,青海贵德县大史家村党委书记毕生忠揉碎了答。

2019年4月15日,总书记一早从北京出发,乘飞机、转火车、换汽车,翻过一座座山、爬过一道道梁,来到重庆市石柱土家族自治县中益乡华溪村。走进老党员、脱贫户马培清家,已是下午五六点钟,总书记亲切地招呼大家坐下来细细聊,"换了三种交通工具到这里,就是想实地了解'两不愁三保障'是不是真落地。"

眼睛向下、走进群众。一次次基层调研察实情,一次次座谈会议集民智,发展为了谁、依靠谁、发展成果由谁共享的根本问题有了清晰答案。

乡村振兴为农民而兴。"要以实施乡村建设行动为抓手,改善农村人居环境,建设宜居宜业美丽乡村""坚持数量服从质量、进度服从实效,求好不求快"。

乡村振兴关键在人、关键在干。"必须建设一支政治过硬、本领过硬、作风过硬的乡村振兴干部队伍""要广泛依靠农民、教育引导农民、组织带动农民，激发广大农民群众积极性、主动性、创造性，投身乡村振兴，建设美好家园"。

让发展成果更多更公平惠及全体人民。"现在从整个国家来讲，实现了全面小康，接下来要走推进共同富裕、建设现代化的道路。在这条道路上，农村就是要推进乡村振兴，方方面面都还要芝麻开花节节高。"

怎么富裕农民？总书记一直念兹在兹。

2020年7月，总书记在吉林考察时，来到位于梨树县康平街道八里庙村的卢伟农机农民专业合作社。

"入社以后，大家感觉怎么样？"在合作社场院里，总书记开了个现场调研会。

"非常好！"社员们你一言我一语，纷纷列举入社后的实惠：

"一年分红8 000多元，逢年过节合作社还给大家分豆油白面发福利""我在合作社当农机手，每月领固定工资""我得空在家里种种菜，还能去市场上换个零花钱""我平时在外打工搞室内装修，一年收入4万多""我养了10多头牛，一年收入七八万呢"……

"厉害啊！土地流转了，大家腾出手来了，可以在合作社工作，也可以搞些副业，多渠道增加收入。你们的探索很有意义，走出了一条适合自己的合作社发展道路，农业科技水平、农民科技素质和农业生产效益都有了很大提高。"总书记十分高兴。

富裕农民、提高农民、扶持农民，各项农村改革扎实推进，新型农业经营体系加快构建，土地"活"了，资源"醒"了，乡村大地，活力奔涌。

农民富裕富足，既要"富口袋"，也要"富脑袋"。

每天傍晚，马庄村神农广场分外热闹，农民乐团忙着排练节目。"总书记还点赞过我们的节目呢！"马庄农民乐团成员徐娜激动地回忆。

2017年12月12日，总书记在江苏徐州市贾汪区马庄村考察时指出，"实施乡村振兴战略要物质文明和精神文明一起抓，特别要注重提升农民精神风貌。"

"文化振兴为乡村铸魂。"贾汪区委书记薛永说，这几年，各村都成立了红白理事会、广场舞队、百姓合唱团，每周举办阅读分享活动，每月举办升旗仪式，每年举行邻里互助节，提振乡亲们的精气神。

文明乡风劲吹广袤田野。今天的中国农村，公共文化体系更加健全，有场所、有队伍、有活动，农民文化生活更加丰富多彩。

今天的中国农民，收获的不只是甜蜜的果实，更是满满的获得感、幸福感、安全感。

时间刻录恢弘史诗，又将续写新的篇章。

"随着我们第一个百年奋斗目标的实现、第二个百年奋斗目标的开启，乡村振兴的要素会更加活跃，那里仍然是一片大有可为的土地、希望的田野。"总书记的铿锵话语，激荡人心。

喜庆丰收的乡亲们，又在盘算新的耕耘。希望的田野，将播下新的希望。

（记者：赵永平、朱隽、顾仲阳、王浩、常钦、李晓晴）

参考文献

本书编写组,2023.读懂千万工程[M].杭州:浙江人民出版社.

黄祖辉,"千万工程"的巨大贡献与深远意义[EB/OL].(2023-05-30)[2024-01-10].浙江在线-浙江日报.https://zjnews.zjol.com.cn/ztjj/xxgc/xxkt/202305/t20230530_25799978.shtml.任献光.绿色低碳发展的中国理念和中国方案:解读《新时代的中国绿色发展》白皮书[EB/OL].(2023-01-30)[2023-12-10].https://www.ndrc.gov.cn/wsdwhfz/202301/t20230130_1347543_ext.html.

习近平.坚持人民至上[EB/OL].(2022-10-15)[2023-12-10].http://www.qstheory.cn/dukan/qs/2022/10/15/c_1129065158.htm.

习近平.务必统筹城乡兴"三农"[N].浙江日报,2005-1-12(1).

徐蕾."千万工程"彰显人民至上理念[EB/OL].(2023-07-14)[2023-12-22].http://www.china.com.cn/opinion2020/2023-07/14/content_92269264.shtml.

姚亮.学好"千万工程"蕴含的系统观念[EB/OL].(2023-07-19)[2023-12-10].http://ztjy.people.cn/n1/2023/0719/c457340-40038715.html.

中国农网评论员.不搞千村一面 坚持量体裁衣[N].农民

日报,2023-06-29(1).

中央农业广播电视学校,农业农村部农民科技教育培训中心,2024."千万工程"简明手册[M].北京:中国农业出版社.

朱瑜辉.深刻理解"坚持人民至上"的丰富内涵[EB/OL].(2023-06-03)[2023-12-10].https://news.aksxw.com/sy/rdxw/xj/202306/t20230602_13857394.html.